E-BOOK
COMPLETO

LEANDRO HINZ

UM BANQUETE NO INFERNO

QUEBRANDO AS AMARRAS DA PORNOGRAFIA

Entregar-se a pornografia é uma forma de isolamento psicológico, um afastamento para um pequeno mundo de autogratificação.

TIM CHALLIES

DEDICATÓRIA

Dedico esta monografia a minha doce esposa Gabriela e para o meu filho Lorenzo. A minha esposa, porque teve que renunciar aos seus estudos para que eu pudesse concluir os meus e, também, por ter suportado um tempo de muitas privações, tanto em relação a familiares quanto em relação a sua saúde. Ao meu filho, por ter nascido em um ambiente acadêmico e, mesmo sem saber, nos momentos difíceis, foi quem meu deu muita força para seguir em frente.

AGRADECIMENTOS

Agradeço a Deus por ter permitido que eu chegasse até o final de mais uma etapa da minha vida e pelo cuidado em cada momento vivido junto a todos que fazem parte da família FBP. Com certeza, cada ano foi um aprendizado novo: desafios, limitações, frustrações, porém tudo cooperando para o que possivelmente Deus queira realizar por meio da sua infinita misericórdia através da minha vida.

Gratidão toda especial pela vida da minha família, por isso gostaria de honrar aqui a vida da minha esposa, Gabriela M. R. de Brito, por ter sido obediente ao chamado de Deus para o ministério. Tenho certeza de que eu não teria chegado até aqui sem a sua ajuda, compreensão, amor e carinho. Louvo a Deus por você ser uma mulher tão talentosa, te admiro muito, te amo. Ainda, quem diria que me tornaria pai? Pois é, a vida é cheia de surpresas, chegamos apenas em dois, mas aprouve a Deus nos presentear com a vida do nosso filho Lorenzo. Deus nos deu um gauchinho de presente para cuidar, um baita presente.

Agradeço imensamente a minha igreja, Igreja Batista em São Luiz, ES. Pela vida de cada irmão que esteve nos apoiando ricamente, pelas orações, pelo sustento financeiro, por meio dos telefonemas e mensagens de fortalecimento que nos enviavam, com certeza, ficará para sempre a gratidão. Também, gostaria de agradecer as demais Igrejas Batistas de minha cidade, Santa Maria de Jetibá, ES. Pelo apoio e por nos ter confiado a sua generosidade. Agradeço, ainda, a todos os irmãos e amigos de outras igrejas, que foram nossos mantenedores. Gostaria de destacar e agradecer à EBM MASA, por ter sido parceira durante esse tempo.

Não poderia deixar de ser grato por nossos familiares, não citarei o nome porque são muitos. No entanto, muito obrigado aos meus pais e irmãs, por tudo que vocês fizeram por nós enquanto estivemos aqui, que o Senhor os retribua. Gratidão pela família de minha esposa, aos seus pais, irmãs, sobrinhos e cunhados; de igual modo, que as bênçãos do Senhor repousem sobre cada um.

RESUMO

Na sociedade contemporânea, questões relacionadas à sexualidade têm destaque, porém nem tudo que está ligado diretamente aos desvios sexuais tem sido abordado abertamente. Dentre alguns temas que raramente são abordados, encontra-se o vício em pornografia. Com intuito de trazer à luz um assunto de extrema importância e que permeia o mundo da escuridão, esta pesquisa propõe esclarecer alguns fatores que se mantêm escondidos no vício. Para isso, no primeiro capítulo, abordou-se a pornografia na contemporaneidade, conceitos, definições, estatísticas e influências da mídia, além de um breve levantamento dos casos de saúde pública e da realidade eclesiástica. No segundo capítulo foi analisado o projeto de Deus em relação à vida sexual do ser humano, levando em conta também o caminho escolhido pelas pessoas. Além disso, faz-se relação da pornografia com a imoralidade sexual e a idolatria, e ainda, as causas da pornografia. Por fim, no terceiro capítulo, foram apresentados os efeitos nocivos na vida do indivíduo e das pessoas a sua volta, causados pelo consumo do conteúdo pornográfico, além disso, apresenta o possível caminho de saída do vício.

Palavras-chave: Deus. Idolatria. Pornografia. Satisfação. Vício.

PREFÁCIO

Meu primeiro contato com essa obra foi em meu escritório, quando o Leandro me entregou alguns capítulos de seu trabalho de conclusão do curso. Fiquei completamente animado e comecei a enxergar a dimensão que essa obra poderia alcançar.

Nas diversas vezes que conversamos ou no ambiente de aula, pudemos aprofundar nossas conversas e tive o privilégio de conhecer melhor esse jovem teólogo pastor, que mostra nessas páginas um profundo conhecimento do assunto, a partir de uma extensa pesquisa bibliográfica e de muitas conversas com pessoas que, infelizmente, sofrem o impacto desse "banquete no inferno".

O autor aborda o assunto sem rodeios e sem medo de dizer a verdade. A pornografia que a internet e as publicações apresentam esconde uma gigantesca indústria que gera bilhões de dólares em lucros, e por isso é aceita na sociedade, ainda que tenha suas mãos molhadas com as lágrimas de milhares de vidas e famílias destruídas. No meio de tudo isso, até crianças e adolescentes são vítimas dessa indústria que faz do sexo - algo criado por Deus, e, portanto, bom - um produto manipulado e distorcido para gerar um prazer vazio e passageiro.

Essa realidade invadiu as igrejas e as casas dos cristãos. Pesquisas mostradas no decorrer do texto mostram um percentual altíssimo de fiéis, homens ou mulheres, membros de igreja ou pastores, envolvidos de alguma forma com esse vício maldito. Por isso o autor grita em alta voz que não podemos mais nos calar diante dessa verdadeira pandemia. Não podemos fingir que está tudo bem, enquanto nossas famílias e igrejas são minadas como um móvel de madeira atacado por cupins.

Uma das grandes descobertas do autor apresentadas nessa obra é a ligação da pornografia com outros pecados, como a idolatria. Quando precisamos derrotar um inimigo, é fundamental que o conheçamos, por isso o autor discorre sobre o assunto e traz um panorama incrível e revelador sobre a pornografia. E termina com algo fundamental: o caminho para se libertar do vício.

Que Deus o abençoe nessa leitura, e que você possa receber alguns fundamentos que o ajudarão a vencer o vício da pornografia ou a ajudar alguém próximo que permanece como um escravo desse mal.

Ricardo Lebedenco

Pastor Primeira Igreja Batista

Sumário

INTRODUÇÃO

A presente pesquisa desenvolve assuntos relacionados à pornografia, tema muito relevante na sociedade, tanto no contexto secular[1] quanto no eclesiástico. Visa apresentar aos cristãos, como também a qualquer pessoa, apesar de sua crença, a importância de não se aproximar deste mal tão recorrente. Poderá permitir que muitas pessoas simples e intelectuais, homens ou mulheres, previnam-se das armadilhas que estão sendo oferecidas de forma sutil e com fácil acesso, independentemente de cor, raça ou credo religioso. É um assunto polêmico. No entanto, será possível mostrar que, quando analisado com os devidos cuidados e à luz da Palavra de Deus, pode-se conhecer o seu lado oculto.

Por ser um tema que, a princípio, é pouco discutido na sociedade, muitas pessoas acham que a pornografia é algo não prejudicial. Por não receberem as devidas orientações sobre o assunto, imergem nessa realidade, mundo este que vem acompanhado de armadilhas que poderão levar o ser humano a enfrentar embates. O assunto que será discorrido mostrará, dentre muitas maneiras, o modo de pensar e porque agem de determinada forma. Considerando que o pensamento de muitas pessoas que são viciadas gira em torno da seguinte afirmação: "qual é o problema, pois não estou prejudicando a ninguém, simplesmente é um momento de diversão e prazer a sós".

O assunto em questão tem afetado a realidade de muitas pessoas, inclusive cristãos. Nesse sentido, a teologia tem responsabilidade de avaliar esse assunto à luz da Palavra de Deus. A pesquisa contribui nesse aspecto, pois aborda áreas que podem ser estudadas nesse meio, a saber: esclarecer alguns paradigmas, trazer à luz um assunto que raramente é falado entre cristãos, apresentar o lado oculto da pornografia e qual o caminho para superar essa dificuldade. Sendo assim, este trabalho defende a seguinte questão: O que há por trás do vício pornográfico?

Há outras questões a serem respondidas, dentre estas, especificar o que de fato é a pornografia, qual a sua ocorrência e como admiti-la. Ainda, será que é possível afirmar que existem outros fatores de envolvimento com a pornografia? Muitas pessoas estão deixando os relacionamentos pessoais e interpessoais para viver em um mundo da realidade virtual, e a mesma tem oferecido formas de entretenimentos e novos relacionamentos. Dentre estes, há alguns que chamam muito a atenção, logo: os de natureza sexual ilícita, das mais diversificadas espécies. No entanto, trazem junto seus agregados: isolamento social, afastamento da família, obsessão, procrastinação, divórcio, adultério, depravação da mente, vícios, medos, falta de identidade e dúvidas quanto à sexualidade.

Para analisar as questões levantadas, a presente pesquisa será feita a partir de fontes bibliográficas, vídeos, sites, artigos acadêmicos, jornais, revistas, Bíblia Sagrada e comentários bíblicos. Sendo, deste modo, possível cumprir com o objetivo de trazer à tona um assunto extremamente sigiloso, mostrando maneiras que possibilitem as pessoas a saírem do mundo sombrio do vício. Além disso, apresentar, à luz da Palavra, que é possível encontrar prazer e satisfação em Deus.

Diante disso, pretende-se mostrar que a Bíblia apresenta diversidade de textos que abordam assuntos relacionados à sexualidade, mostrando o quanto as Escrituras demonstram a necessidade de manter uma vida de comunhão com Deus, por meio de Cristo. Entretanto, também mostra que, quando há, uma negligência em relação a isso, o indivíduo torna-se vulnerável, podendo cair em armadilhas. Muitas destas estão relacionadas diretamente à área sexual, como, por exemplo: imoralidade sexual, idolatria, luxúria e muitos prazeres imediatos. De certa forma, todos tendem a impulsionar o indivíduo a consumir pornografia.

Para analisar essas questões que em dados momentos se apresentam a diversos indivíduos como um verdadeiro banquete, visto que é algo prazeroso e que supre momentaneamente os anseios mais íntimos do ser, o primeiro capítulo tratará da pornografia na contemporaneidade. Abordará, em um primeiro momento, um panorama histórico, definições e conceitos, realidades sociais e as estatísticas tanto de consumo quanto de lucratividade. As influências que são exercidas pelas mídias e o quanto isso tem levado à distorção da sexualidade. Encerrando, serão explanados alguns dados em relação aos casos de saúde pública e, ainda, a realidade eclesiástica.

No segundo capítulo, o foco é em questões relacionadas ao projeto de Deus para a sexualidade, bem como o caminho optado pelo ser humano. Inicialmente, evidenciando segundo a Bíblia que, desde o princípio da criação do ser humano, Deus já havia planejado a maneira de desfrutar a sexualidade. Também, poderá ser observada a relação entre a imoralidade sexual e a idolatria. Em seguida, algumas das causas que contribuem para o vício da pornografia; além disso, o presente capítulo trará destaque à influência demoníaca que é exercida sobre a vida do indivíduo, obras vindas do inferno, que trazem consigo sentimento de culpa, sofrimento e remorso.

Por fim, o terceiro capítulo tratará questões relacionadas aos efeitos nocivos e o enfrentamento do vício. Partindo de um panorama em relação à visão que o viciado tem a respeito de si mesmo e adentrando nos efeitos psicológicos causados pelo uso da pornografia. A seguir, será tratado sobre masturbação, efeitos no casamento, em especial na vida das mulheres, tendo em vista que o público de maior consumo são os homens. Em um segundo momento, aborda-se o possível caminho para a saída do vício, mas antes é apresentado um breve levantamento sobre as possíveis raízes do problema, levando em conta que não basta tratar as consequências. Encerrando, discorre-se sobre a confissão do pecado, prestação de contas, purificação da mente e a satisfação em Cristo Jesus.

1. A QUESTÃO DA PORNOGRAFIA NA CONTEMPORANEIDADE

Um grande argumento usado na atualidade, é: "eu tenho o direito de ser feliz! ", e a ação diária gira em torno do mesmo. Muitos homens e mulheres sentem que chegou a sua vez de tirar uma folga do tédio e das injustiças da vida. Não é de estranhar que esse pensamento esteja entranhado na cultura e que a ganância seja vista como uma virtude. Além disso, que as pessoas façam da satisfação pessoal seu principal objetivo de vida. Por que pessoas tão honradas, bem-intencionadas e inteligentes, cristãos, não cristãos, são capazes de agir de maneira tão estranha e deselegante em determinados momentos da vida? Muitos agindo de forma egoísta, tola, autodestrutiva e muitas vezes perversas. Por que não vivem de acordo com aquilo que sabem ser correto?2 Estas e muitas outras perguntas deveriam permear as mentes na atualidade, no entanto, as pessoas se deixam levar por muitos desejos e pela própria cobiça, de modo a se envolverem em alguma parte dos dados que serão apresentadas na sequência.

1.1 História

Muito antes da era da modernidade, por volta do século XVIII, a pornografia teve visibilidade social, ligada a um mundo obscuro, dominado pelos opositores que declaravam conflito contra o comportamento moral aceitável pela sociedade. Período marcado pela forte influência do escritor mais famoso da área pornográfica: o Marquês de Sade[3], considerado um dos mais influentes escritores no assunto. Ensinou os escritores do seu tempo a utilizarem a linguagem obscura. Com um conceito bem explícito na literatura erótica ou sensual, muito influenciado por ideais filosóficos, expressou os desejos mais baixos da imoralidade, com o intuito de persuadir, principalmente o homem, a realizar as vontades sexuais mais destrutivas. Para Sade, a conduta moral pouco importava, acreditava que o ser humano, em sua essência, fosse como uma máquina, sem sentimentos e razões para amar. Sade ficou conhecido no século XX como "O pai da escrita contra a conduta moral."[4]

> Em seus ensaios escritos na cadeia, Sade levava à letra cada pensamento obsceno que deu origem aos seus livros. Ele não temia o domínio da igreja católica e utilizava os componentes da coroa católica para expor seus desejos mais libertinos. Do seu nome surgiu o termo sadismo, que tem como conceito filosófico explicar os desejos por ter prazer sexual em torturar fisicamente e moralmente o parceiro (a). Sade defendia que o homem é mais forte do que a mulher, pois a natureza o fez assim e, por isto, o macho tem o direito de fazer o que quer com a fêmea. Sade abusou sexualmente de várias prostitutas, a ponto de feri-las fisicamente; essa atitude o levou à prisão. Muitas de suas obras foram escritas enquanto ele estava na prisão da Bastilha. (...) Seus contos já tiveram filmes e prêmios por expor as fantasias sexuais mais baixas dos homens.[5]

No entanto, Corrêa menciona que, nem sempre foi assim. Entre os séculos XVIII e XX se alguém fosse apanhando na Inglaterra, ou parte da Europa, com os contos de Sade, corria o risco de comparecer diante da corte para explicar o motivo de uma leitura tão baixa.

No quesito filosofia, são abordados fatos ligados à mente e à linguagem racional do homem, que se distingue da mitologia e da religião por sua ênfase em argumentos racionais.

Infelizmente, a questão pornográfica está fortemente ligada às exposições filosóficas e diversos autores contestam que, assim como o amor, a sexualidade também está morta, consequentemente, o sexo não está relacionado a sentimento de amor e respeito, apenas ao prazer animal de ser. Foi no período conhecido como Iluminismo que a pornografia ganhou força, pois apoiava-se no poder da razão, época em que os filósofos buscavam entender o porquê do homem ser movido por questões sexuais. Nesse sentido, muitos homens da corte, motivados pela indignação de não poder possuir as mulheres da corte, buscavam satisfazer seus desejos e fantasias sexuais com as prostitutas.[6]

No século XIV, período conhecido como Renascença, havia uma linha muito tênue que distinguia o amor espiritual dos sórdidos desejos carnais pornográficos. Época que ficou marcada pelo surgimento da comédia e da pornografia. Essa cultura pornográfica foi introduzida via interesse pela cultura e valores da Grécia e Roma Antiga.

> Na Roma e na Grécia Antiga era comum receber dinheiro em troca de sexo, era uma atividade regulamentada. Todos os serviços sexuais e preços eram controlados, como também taxados para o pagamento de impostos. Não somente as mulheres eram prostitutas, mas os homens também trabalhavam como prostitutos, ambos para o mesmo público: os clientes masculinos.[7]

Corrêa observa que a mitologia dos "deuses safadinhos" da época, tomou a mentalidade dos povos. Diante de valores como esses, entrou em cena na Grécia e em Roma, o pensamento humanista, passando a valorizar mais as capacidades do indivíduo do que os valores divinos. Com isso, a abertura para a escrita pornográfica passa a ganhar expressão. Poetas, pintores, engenheiros, mestres e escultores exploravam em seus escritos a conotação sexual de forma artística, banal e cômica.[8]

Há relatos de que o primeiro filme pornô tenha sido o Le Coucher de la Mariée (1896), curta-metragem francês de 7 minutos, dirigido por Albert Kirchner, sua principal atriz, Louise Milly. O ponto máximo do curta foi um strip-tease e um beijo quente. Ainda em 1896 também surgiu o curta "Fatima's Coochie-Coochie" Dance, no qual uma linda dançarina apresentava uma sensual dança do ventre. Outro ainda, de 1 minuto, "The Birth of the Pearl" (1901), no qual uma belíssima mulher saía de dentro de uma grande ostra, representando a cena da Vênus de Botticelli[9], apenas usando um tecido fino e colante sobre o corpo nu, algo que era chocante para época. Assim nasceu, o erotismo no cinema, como uma Vênus saída da ostra.[10]

> Na literatura, uma das obras mais antigas dedicadas ao sexo é o famoso Kama Sutra, escrito por volta do século II ou III antes de Cristo. O livro dá conselhos sobre a vida e relacionamentos, mas é antes de tudo considerado por ser uma espécie de manual de posições sexuais que prometem tornar a transa ainda mais interessante. Na Europa pós-renascentista, um autor que se consagrou por ousar na escrita de histórias despudoradas e repletas de pornografia foi o Marquês de Sade. Seu livro 120 Dias de Sodoma (1785) descreve verdadeiras orgias que chegam ao nível do

> sadomasoquismo. No século XXI, um romance em particular ganhou atenção do grande público: 50 Tons de Cinza (2011), de E. L. James. Ao mesmo tempo alvo de críticas e admiração, o fato é que este livro (que se tornou uma trilogia) levou ao mainstream o tema do sadomasoquismo, a ponto de ser adaptado para o cinema. Ao longo do século XX, a pornografia se tornou um lucrativo empreendimento, especialmente na produção cinematográfica, televisiva e de revistas. Na década de 70, estima-se que a indústria pornográfica nos Estados Unidos arrecadou cerca de 10 milhões de dólares. No século XXI, este valor chega aos 10 bilhões gerados com a venda de revistas, filmes e assinatura de canais e sites voltados a conteúdo erótico.[11]

Portanto, tais informações abrem um leque de possibilidades de entender e extrair conhecimento do fato de a modernidade estar ligada a um mundo comportamental pornográfico que, inicialmente, foi adquirido e dominado pelo período de forte influência de escritores, atores e lucratividade industrial.

1.2 Definições e conceitos

Inicia-se definindo o que é a pornografia, a partir de três verbos na língua grega que auxiliam na explicação do termo: porneo, pornus e porneuo. Os três possuem alguns significados: pornografia, relações sexuais ilícitas ou, ainda, atitudes com o corpo que não agradam a Deus.[12] Considera-se pornografia, toda imagem, áudio ou texto que apresenta ou insinua relacionamento sexual (penetração vaginal) ou atos libidinosos (coito anal, sexo oral, masturbação, beijos quentes e muitas outras práticas sexuais). Como, também, filmagem ou fotografia de relações sexuais, ler mensagens com conteúdo erótico. [13] "A origem da palavra está no grego "porneía" que significa *fornicação, lascívia, prática ou tara sexual*. O termo pode se referir de modo geral, a qualquer coisa envolvendo sexualidade, sensualidade e erotismo."[14]. "Derivada das palavras gregas *porni* (prostituta) e *granhein (escrita)* nasce o termo pornografia. No decorrer dos tempos passou a simbolizar tudo que provoca excitação sexual, indo além de filmes ou ensaios eróticos, passando para sensualidade mais explícita."[15] Percebe-se que:

> A palavra pornografia vem do grego e significa literalmente "escrever sobre prostituta". Com o tempo, passou a referir-se a qualquer material, escrito ou gráfico, de conteúdo sexual. O termo é usado hoje de forma negativa. A indústria pornográfica que produz filmes, revistas, vídeos e sites na Internet, prefere usar outros termos, como "material adulto". Esta manobra é um eufemismo que visa retirar deste sórdido comércio a pecha negativa que ele possui.[16]

É importante considerar que existe pelo menos dois tipos de pornografia: a primeira é classificada como sendo uma mais leve e suave, caracterizada como "*soft porn*", que, mais bem traduzido, quer dizer pornô leve, simplesmente é aquela que está mais voltada para a contemplação da nudez ou por sexo convencional, nada de extravagância. A segunda, porém, denominada como "*hard porn*", que é o mesmo que sexo explícito, envolve o que há de mais estranho e nojento que se possa imaginar: vai de sexo com seres humanos até zoofilia.[17]

O "*Snuff*" é outra prática bizarra, que consiste no ato sexual ser consumado com o assassinato. No entanto, não se conhece nenhum tipo de material publicado nesse sentido, mas apenas suposições, devido aos fatos. Há também outra forma de pornografia, considerada ainda mais destrutível e degradante, ou seja, a pornografia infantil. A pornografia infantil é a "representação, sob qualquer forma, de criança em ato sexual implícito ou explícito, simulado ou real, ou qualquer representação dos órgãos sexuais da criança para fins sexuais."[18] Também há a pornografia erótica, que é a "representação sexual de homem e mulher em posição de igualdade e respeito mútuo."[19] Pode-se observar que, conforme Lopes, algumas feministas fazem uma distinção entre pornografia, que é a sujeição e degradação sexual da mulher através de imagens que representam o homem dominando e humilhando a mulher sexualmente.[20] No entanto, o Dicionário da Pornografia (Layla

Barros) cita pelo menos 37 nomenclaturas diferentes, especificando, dentro dos aspectos anteriormente citados, uma ramificação de termos que compreendem pornografia leve e pesada. Nesse sentido, evidencia-se que a pornografia envolve várias situações e realidades.

1.3 A realidade social

1.3.1 Estatísticas

A partir de pesquisas, observam-se altos índices e o perigo do acesso ao meio pornográfico se comparamos com investimento no quesito tempo e dinheiro. Segundo análises e dados levantados por Augusto Nicodemos, se comparado com o Brasil, os estadunidenses investem mais em pornografia do que na formação acadêmica dos filhos. E quando o assunto são os evangélicos, o Brasil destaca-se pelo alto índice de pessoas que gastam tempo excessivo com a televisão e as redes sociais.

Conforme Arterburn, Stoerker e Yorkey, um dos problemas maiores para os homens são os olhos, pois eles não precisam de amantes na forma física, não precisam dar tempo ao tempo, e nem de uma série de coisas para cair na imoralidade sexual. Basta ter "olhos" e o prazer estará garantido. Em suma, a grande maioria não é exigente: pelo fato de olhar uma fotografia sensual e isso ativará a sexualidade. Quando o assunto é a anatomia feminina, os olhos são a chave de ignição.[21]

Algumas pesquisas comprovaram que acessar ou baixar vídeos pornôs na internet é algo aceitável para muitos, pois dados de entrevista, realizada em 2015, revelaram que cerca de 41% das pessoas acreditam que assistir pornografia online é aceitável; 43% de todos entrevistados veem conteúdo pornográfico, dentre estes 1 a cada 3 são mulheres; 72% dos consumidores de pornografia são homens e 28% são mulheres. Entretanto, apenas 10% admitem ser viciados em pornografia.[22]

Em todo o mundo, a pornografia gera um ganho de 97 bilhões de dólares (28% China, 27% Coreia do Sul, 21% Japão, 14% EUA). Interessante, que companhias como a GM, Marriot e a Time Warner, lucram milhões vendendo erotismo. Cerca de 90% de todos os filmes com conteúdo pornográficos são produzidos a cada ano em San Fernando Valley. E quando o assunto é ganho salarial, uma estrela pornô de renome internacional pode ganhar de 100 a 250 mil dólares por ano, enquanto uma atriz pornô de menor prestígio, cerca de 40 mil dólares ao ano.[23]

Crianças são vítimas diárias de pornografia, segundo dados levantados pela Folha de São Paulo, de 2001. A pesquisa revelou que 4,7% dos internautas que acessavam conteúdos pornográficos eram crianças entre 02 a 11 anos, mas, no Brasil, o número é ainda maior 6,56%. Outros dados levantados em sites norte-americanos constataram que, em média, eram feitas cerca de 116.000 buscas por conteúdo pornográfico infantil e comprovaram, também, a existência de 100 mil sites com conteúdos relacionados. A mesma pesquisa constatou a existência de 4,2 milhões de sites, que exibiam 420 milhões de páginas, chegando ao total de 3 bilhões de imagens e vídeos eróticos. No Brasil, é lucrativa, um grande negócio, infelizmente é apoiada pelo Ministério da Cultura, tendo como subsídio a isenção de impostos. A cada segundo no Brasil, R$ 3.075,64 estão sendo gastos com algum tipo de conteúdo pornográfico.[24]

Tragicamente no ano de 2020, no qual a presente pesquisa foi realizada, o mundo inteiro vivenciou um momento catastrófico de pandemia. A população mundial ficou refém do denominado vírus conhecido como COVID-19.[25] Mediante isso, a população passou a vivenciar um período de isolamento e distanciamento social. Diante desta situação, a alternativa para os mais diversos setores da economia foi a adaptação e, ou reorganização na sua forma de trabalho. Muitas empresas fizeram uma espécie de revezamento de funcionários, outros pequenos e médios empresários passaram a trabalhar da própria casa, além disso, muito desemprego e pessoas sem poderem sair de suas casas.[26]

Perante a essa situação, além de que muitas pessoas tiveram aumento da preocupação com a sua própria saúde, finanças e sustento de sua família, tiveram também que migrar ou passar a gastar mais tempo conectados em diferentes plataformas digitais. Infelizmente, diante do aumento do tempo em frente às telas, a indústria pornográfica viu também uma oportunidade de fornecer gratuitamente, por um curto período de tempo, acesso a canais gratuitos, que anteriormente eram vendidos. Posteriormente, os resultados obtidos foram alarmantes. O Site do Sexy Hot teve um número de visitas 31% maior se comparado aos períodos anteriores a pandemia, no mês de março de 2020. O canal Brasileirinhas duplicou o número de assinaturas, passando de 300 para 600 assinaturas diárias, de acordo com Clayton Nunes, um dos produtores do canal.[27]

No nível mundial, em decorrência da pandemia, o Pornhub, maior produtora mundial, registrou aumento significativo após ter liberado por trinta dias os canais Premium.

> De acordo com um estudo elaborado pelo site de pornografia Pornhub para a revista norte-americana 'Forbes', desde 24 fevereiro que a procura por este tipo de conteúdo tem vindo a aumentar progressivamente. No dia 17 de março, última data em análise, o consumo de pornô subiu 11,6% em relação a um dia normal na plataforma. Em Itália, por exemplo, a procura de vídeos para adultos chegou aos 57% depois do Pornhub ter tornado gratuito o seu serviço premium em todo o território, a 12 de março. O mesmo aconteceu, dias mais tarde, em França e Espanha, com os números a dispararem 38,2% e 61,3% respetivamente. Apesar de não ter acesso gratuito a este serviço, Hong Kong foi a região onde o consumo de pornografia mais aumentou, chegando aos 23,4%, seguido da Índia (18,1%) e do Brasil (13,1%). Nos Estados Unidos, onde o Pornhub tem mais utilizadores, a subida não foi além dos 6,4%. Na Europa, a Irlanda lidera a tabela, com um crescimento de 17,9%. Seguem-se República Checa (14,8%), Holanda (14%), Noruega (11,8%), Suíça (11,5%) e Bélgica (9,5%).[28]

No Brasil, segundo o G1, o mesmo canal teve aumento de 13,1 % comparado a dias normais. Segundo o Pornhub, os picos de aumento coincidem com as datas de implantação da quarentena em diversos países ao redor do mundo.[29] O Sexlog, maior rede social de conteúdo adulto do Brasil, registrou um aumento significativo de novas assinaturas. Segundo a fundadora Mayumi Sato, houve aumento de 20%. Esse percentual ganhou destaque, visto que foram feitas por mulheres.[30]

1.3.2 Influências da mídia

O ser humano muda constantemente a forma de pensar e agir. É fato que a linguagem atual é midiática, por consequência isso tem causado uma transformação na cultura mundial. Pessoas deixaram de ser conhecidas como indivíduos e passaram a ser usuários, porque passam boa parte do tempo inseridos no mundo virtual, no qual a imaginação ganha um vasto espaço para controlar intermináveis viagens pelas redes sociais. Porém, com esse avanço midiático, uma grande ameaça tem acabado com a mentalidade humana e emaranhado tantos homens, quanto mulheres em suas redes sem limites: a pornografia.[31]

Com o crescimento exacerbado da mídia, houve significativo aumento na concorrência de modo geral em todos os mercados e setores da economia. Não é de se assustar que entre as próprias mídias haja forte disputa e aumento drástico na falta de ética entre os interesses financeiros. Cada um faz o que pode e o que não pode para chamar a atenção e atrair seu público-alvo. É estratégia da mídia valer-se do ponto fraco de seus consumidores, como o erotismo. A carga erótica contida na mídia bombardeia não apenas os adultos, atinge também crianças, pré-adolescentes e jovens. Estão na linha de frente, sempre forçando a uma precocidade sexual. Além disso, a prostituição também tem aumentado em revistas, filmes e sites pornográficos. Diante dessa explosão desleal, os hormônios começam a ser produzidos precocemente; em contrapartida, as estruturas sociais educativas declinam: em vez de dar suporte para um crescimento natural, enfraquecem as bases.[32]

Na sociedade contemporânea há uma intensificação exacerbada da contemplação do corpo, oriunda das influências de massa, via meios de comunicação, em que os indivíduos fazem alusões às conquistas por meio da sensualidade. O corpo humano tem sido motivo de culto. Programas de TV, revistas, jornais e internet têm dedicado espaços maiores em suas programações para apresentar novidades em setores de cosméticos, alimentação e vestuário. No entanto, o produto a ser vendido está sempre vinculado à beleza feminina ou masculina, tentando vender o que de fato não é encontrado em prateleiras ou estandes de vendas, logo: a felicidade e o sucesso.[33]

A mídia descobriu que o ser humano precisa dos sinais sexuais que envolvem todos os sentidos: visão, olfato, tato, paladar e audição. Esses sentidos, no contexto da sexualidade, fazem parte de um conjunto que leva à excitação. Diante disso, estudaram o comportamento humano a fundo, sendo capazes de compreender que a maior busca das pessoas era por prazer, alegria e por algo que lhes retribuísse benefícios. Ligados nisso, desenvolvem propagandas que vão ao encontro da sexualidade e que proporcionam um estado de recompensas. Nesse sentido, observa a sutileza da mídia:

> Daí vem a eficiência dos apelos sexuais como estímulo de nossos sentidos para o consumo. As imagens, os sons, as informações que percorrem nosso cérebro, são estímulos que atingem nossos centros de prazer sexual. As regiões de prazer sexual estão exatamente na parte de resposta rápida do cérebro. Assim, incitar ao sexo estimula áreas de recompensa e felicidade, uma maneira rápida e eficiente de chamar a atenção de qualquer um.[34]

Em relação a isso, Marçal relata que entre os conteúdos mais acessados na internet, em primeiro lugar está a pornografia. Com a disseminação e popularização de sites pornográficos que disponibilizam vídeos online, ver pornô nunca foi tão simples: não precisa comprar, nem baixar, além do mais, se chegar alguém, é só fechar a aba e fingir que está trabalhando ou fazendo qualquer outra coisa. Sabe-se, também, que não é de hoje que conteúdos sexuais têm sido um dos melhores marketings para aumentar a audiência dos programas de TV ou internet. No entanto, discute-se a influência que essas imagens causam no comportamento de crianças e adolescentes. De fato, a influência é mesmo enorme. Jovens, adolescentes e crianças que assistem com frequência às programações com conteúdo erótico são duas vezes mais propensos a buscarem relações sexuais do que aqueles que não veem, e como o ser humano é um ser que vive imitando tudo que gosta, aprende por imitação.[35] O referido autor ainda relata que:

> Adolescentes que assistem às séries com cenas de sexualidade, ou ficam na internet, são duas vezes mais propensas a engravidar do que aquelas que tem outros hábitos televisivos, pois sabemos que muito sexo na televisão ou internet pode influenciar os adolescentes a iniciarem sua vida sexual mais cedo. Séries que mostram apenas o aspecto positivo do comportamento sexual sem mostrar os riscos podem levar os adolescentes a fazerem sexo sem proteção antes de eles estarem prontos e bem informados para tomarem tal decisão.[36]

Segundo Schach, essa relação da influência da mídia é muito evidente, pois em tudo há uma espécie de legitimação do *eros,* ou seja, quase tudo que é apresentado na mídia está entrelaçado com sexo. Desde propagandas de chinelos a automóveis, sempre com destaques voltados à sensualidade. O autor descreve que o processo da erotização e a influência da mídia não são apenas do século XIX. Apresentadoras de programas infantis do século passado já usavam roupas sensuais. Outro fenômeno foi a boneca Barbie. "Elas foram mentoras dessa tendência. Com a Barbie veio essa história de glamour, de erotização do corpo de uma boneca, cujo foco era conquistar um namorado, ter um carro cor de rosa, mais itens e roupas".[37]

Entretanto, na "Era da Digitação" tudo gira em torno da tela global nas teias das "redes", cujo alcance vai além dos pontos mais extremo do planeta. O ser humano, com apenas um clique, pode conectar-se ao mundo. No campo dos estudos, o natural passou a ser considerado virtual, podendo fugir das suas realidades e ser reinventado atrás das telas. No virtual não existe separação de ricos e pobres, brancos e pretos, patrões e funcionários, uma espécie de "era avatar", em que tudo simplesmente é controlado pelo mundo das conexões, no qual é muito mais fácil que as pessoas troquem a vida real por momentos irracionais.[38] Corrêia descreve que:

> Muitas pessoas que trocaram a vida real pelo mundo virtual nem precisam buscar sites pornográficos para sentirem um prazer imediato, um alívio à tensão. Somente comentários e curtidas nas redes sociais (Facebook, Instagram, Twitter) ou respostas rápidas no WhatsApp, já estimulam a mesma região cerebral acionada no sexo; que está ligada ao núcleo accumbens. Esse núcleo está relacionado ao prazer, como na função de aumentar as probabilidades de sobrevivência, tais como comer comidas calóricas, dormir bem, aprender certas habilidades, conseguir apoio social e fazer sexo. O que pelo aumento e motivação para repetir essas atividades levam para o estado de "saciados".[39]

Segundo Corrêa, por conta desse processo, muitas pessoas acabam tendo uma recompensa saciada, se a sua vida real foi frustrada. Basta uma curtida na foto, um comentário de elogio, uma troca de mensagens, tudo isso contribui para uma prisão virtual, é o prazer pelo prazer da recompensa.

1.3.3 Caso de saúde pública

Segundo o autor Felipe Aquino, em um Estado dos Estados Unidos, chamado Utah, governado por Gary Herbert, foi sancionada no ano de 2016 uma lei com objetivo de proteger as famílias e, principalmente, a juventude. A medida adotada não apenas proibia o consumo de pornografia no Estado, inclusive buscava esforços para evitar a exposição e o vício da pornografia. Segundo o texto publicado:

> (...) a pornografia perpetua um ambiente sexualmente tóxico e contribui para hiper sexualização dos adolescentes, e até das crianças na puberdade, na nossa sociedade. A Lei defende mudanças nos campos da "educação, prevenção, pesquisa e políticas a nível social e comunitário" contra o que chamou de epidemia, mas não sugerem como elas devem ser implementadas.[40]

Cerca de 60% da população de Utah são mórmons, e estes contaram com o apoio de um grupo ativista antipornografia *Fight the New Drug,* para que a lei fosse aprovada. Porém, a indústria pornográfica do Estado reivindicou maior abertura ao diálogo, dizendo que: "devemos viver em sociedade onde a sexualidade é falada abertamente, e discutida de forma educada e nuançada, mas nunca estigmatizada", afirmou Mike Stabile, porta-voz do grupo.[41]

Pesquisa realizada no Reino Unido descreveu como o consumo descontrolado de conteúdo pornográfico vinha afetando as escolas. Muitas meninas sentiam-se impelidas a se comportar como se fossem atrizes pornôs, e os meninos passaram a ver a vida com base naquilo que consumiam online. Constatou-se, ainda, que a pornografia é um problema de saúde pública. Foram entrevistados 6.463 estudantes (2.633 homens e 3.830 mulheres), entre 18 e 26 anos, e 80% deles já foram expostos à pornografia. Entre os resultados da pesquisa, constatou-se que a pornografia atua como uma droga, e a tendência dos usuários será procurar conteúdos cada vez mais destrutivos. Além disso, destacam-se as seguintes considerações:

> Curiosamente, o estudo também chegou à conclusão de que 10,7% dos homens e 15,5% das mulheres confessaram assistir diariamente a filmes pornôs e reconheceram estar viciados, sem que haja, na prática, nenhuma diferença na taxa de adição entre homens e mulheres. Via de regra, quem está viciado em pornografia demora para admitir que está com problema; por isso, é bastante alto o número de usuários dispostos a reconhecer que se sentem viciados em pornografia. Mesmo entre os que não se consideram viciados, o estudo indica que são comuns sintomas típicos de abstinência: 51% já tentaram parar ao menos uma vez, dos quais 72,2% já experimentaram um ou mais sintomas de crise de abstinência, incluindo solidão,

perda de libido, insônia, irritabilidade, ansiedade, tremedeiras, impulsos agressivos, depressão, sonhos eróticos e distúrbios de atenção. Com efeito, a maioria dos participantes do estudo afirmou que a pornografia é, sim, um problema de saúde pública, com muitas consequências negativas para a sociedade, mas se negou a apoiar qualquer política que restrinja o acesso a esse tipo de material. Os vícios, como toda a gente sabe, são difíceis de superar.[42]

Em média, as pessoas passam conectadas até 18 horas por dia. Com certeza, isso tem causado perigo à saúde física, mental e emocional dos indivíduos. A pornografia também ameaça à saúde, um vício que acaba com a vida real. O prazer que ela oferece é momentâneo, dura em torno de cinco minutos. Esse vício leva as pessoas para os mais baixos sentimentos como a: "tristeza, isolamento, síndrome de perseguição, impaciência, incredulidade, falta de amor próprio, arrogância, inferioridade, rejeição, incapacidade de raciocinar, de ler e escrever, podendo até mesmo levar à morte"[43]. Além disso, dores pelo corpo, incapacidade matutina, canseira nos olhos, fome descontrolada, insônia e ansiedade. Porém isso consequentemente tem atingido diversas pessoas, inclusive *cristãos.* Caso os cristãos não tomem uma postura radical do ser contracultura, irão deparar com um grave problema: a prostituição virtual. Nesse sentido, cristãos que fazem consumo de pornografia estariam relacionados com a prostituição, e todos aqueles que a praticam, tornam-se prostitutos (as).[44]

1.4 A realidade eclesiástica

1.4.1 O cristão

Estima-se que cerca de 15 a 20% dos membros das igrejas evangélicas estejam envolvidos com pornografia, tanto homens quanto mulheres.[45] A pornografia não é discutida nos círculos cristãos, podendo virar algo comum, vista por alguns como algo que não é relevante. Porém, ela apresenta-se de forma inerentemente zombadora, violenta e gradativa. Zomba claramente do propósito de Deus para a vida sexual, suas mentiras são diretamente opostas ao plano de Deus. Violenta, pois ela redefine o entendimento das pessoas em relação ao sexo, bem como sobre a masculinidade e a feminilidade. Ainda, leva as pessoas a viverem apenas pela recompensa do prazer e não pelo mútuo comprometimento do amor, destruindo a moral e degradando a intimidade. De fato, a pornografia é gradativa a partir do momento em que se começa a assumir o controle. No primeiro momento, era somente uma olhadinha, mas com o tempo a mente anseia por mais. Aquilo que antes satisfazia, torna-se chato, o que era degradante passa a tornar-se aceitável, passando a alterar toda a percepção sobre o sexo.[46] Infelizmente, é assim que a pornografia vai destruindo o ser humano em sua integralidade.

Uma pesquisa realizada pelo pastor James Dobson afirma que 50% dos homens cristãos, que foram consultados, revelaram problemas com pornografia, em grau elevado ou em menor grau. Se comparado com os números apresentados por dados de não cristãos, pode-se dizer que a quantidade de pessoas com algum tipo de envolvimento pode estar quase perto dos 100%.[47]

A lascívia normalmente será fruto de uma infeliz aprovação pessoal. Qualquer indivíduo sente o desejo de ser amado e adorado; porém, o cristão que busca reconhecimento de outrem é uma presa fácil da bajulação, tornando-se ainda mais propenso a cair em relacionamento sexual pecaminoso e viciante. Alguns cristãos acreditam que outro fator que leva ao vício sexual é a baixa estima ou que possuem um coração movido à atenção. Porém, a verdade é que o desejo do seu coração o leva a acreditar que ele mereça um reconhecimento e um louvor especial, isso devido ao excesso de autoestima e não pela baixa estima. Os elogios, por sua vez, desarmam suas defesas e, na medida que surgem os desejos sexuais, juntam-se com os elogios, na sequência, surgem os anseios devastadores por comportamentos sexuais ilícitos.[48]

1.4.2 Pastores e líderes

Pesquisa on-line realizada pelo Barna Group, com um grupo de quase 3000 adultos, adolescentes e pastores, revelou dados surpreendentes em relação a pastores, com um longo tempo de ministério junto aos jovens pastores, a saber:

> O estudo incluiu 432 pastores e 338 pastores de jovens, e foi encomendado por Josh McDowell Ministry e Cru para uma cúpula de abril . O estudo examinou o efeito da pornografia em pastores, igrejas, população em geral e jovens. "A maioria dos pastores (57%) e pastores jovens (64%) admite ter lutado com a pornografia, atualmente ou no passado", relatou Barna . "No geral, 21% dos pastores jovens e 14% dos pastores admitem que atualmente lutam com o uso de pornografia. "Mais de 1 em 10 pastores jovens (12%) e 1 em 20 pastores (5%) disseram que são viciados. Em comparação, 47% dos homens e 12% das mulheres em geral procuram pornografia pelo menos uma ou duas vezes por mês. E cerca de 27% dos homens cristãos e 6% das mulheres cristãs ativamente procuram pornografia durante esse período.[49]

Apesar dos dados preocupantes apresentados anteriormente, apenas 12% dos pastores jovens e 14% dos pastores mais velhos admitem ser viciados em pornografia. E ainda, 87% dos pastores que usam pornografia sentem muita vergonha do que fazem, outros 57% dizem se sentirem com muito medo de que alguém descubra o que fazem. Relatam, também, que isso afetou significativamente o ministério de forma negativa.

Segundo o pastor Edwins L. Cole, em uma de suas reuniões de oração realizada em uma grande organização evangélica, uma moça lhe procurou toda envergonhada, pedindo que ele orasse por ela. Indagada pelo pastor a respeito de qual seria o problema, a moça, meio sem jeito, disse que não se tratava dela, no entanto, de seu marido. Ela relatou ao pastor que o marido sempre a pressionava, dizendo que ela não compreendia a sua necessidade, e entre soluços a moça afirmou ao pastor que o marido possuía grande quantidade de revistas da *Playboy* e *Penthouse* e afirmava sempre à sua esposa que precisava delas para ter relações sexuais, caso contrário não conseguia estimular-se sexualmente.[50] O pastor, então, perguntou à moça sobre a profissão do marido, e, para a surpresa dele, a moça respondeu:

> É pastor; trabalha com jovem. Fiquei parado a olhá-la incrédulo, pensando no que acabara de dizer-me. Aquela irmã me dizia que seu marido era pastor, trabalhava com jovens, e tinha uma pilha de publicações pornográficas no criado-mudo. (...) seu marido pode ser pastor, respondi com calma, mas também é pornógrafo.[51]

Infelizmente pastores têm medo de falar sobre suas fraquezas ou até mesmo suas qualidades ou mesmo do contexto vivido na infância, há uma negação e um excesso ou argumentação. Não sendo diferente de outras pessoas, os pastores podem trazer para as suas carreiras os fatores da infância. Estes, por sua vez, podem tornar-se as sementes do pecado sexual. Consequentemente, essas sementes na vida dos pastores podem encontrar um terreno com abundância de água e com forte potencial para o desenvolvimento.[52]

Uma grande armadilha para o pastor é achar que está seguro e que jamais transgredirá a vontade de Deus. No entanto, descobre que esse pensamento é uma sentença a ser vivida. Muitos pastores viveram em lares que jamais ouviram falar sobre sexualidade e, quando isso acontece, há uma enorme chance de que os filhos fiquem presos em algumas etapas da vida, consequentemente isso pode gerar uma crise. Em alguns casos, o pastor precisará saber se ficou "preso" em alguma etapa da vida. Caso isso não aconteça, o pastor ficará sempre refém de se tornar um adulto com uma identidade de pessoa solidificada, ainda correndo o risco da necessidade da bajulação, falta de independência, liderança imatura e suscetível a desvio de caráter na vida sexual.[53]

1.4.3 O Desafio de Lausanne *versus* a pornografia

Questões relacionadas aos comportamentos sexuais foram discutidas há algumas décadas pelos pastores e líderes religiosos de diversas denominações religiosas cristãs, no Congresso Internacional sobre Evangelização Mundial, em Lausanne, em 1974, o qual ficou conhecido como Pacto de Lausanne.[54] Entre tantos assuntos abordados, a pornografia foi discutida. A respeito desse assunto, foi dito por Carl F. H. Henry que:

> Os cristãos devem tornar públicos seus pontos de vista sobre o erro moral de degradar o sexo, a ponto de torná-lo algo meramente animal. Muito estranhamente, as igrejas socialmente ativas estavam tão preocupadas com os problemas socioeconômicos, e as igrejas evangélicas, com a conversão de pessoas, que nenhuma delas fez muito para conter a maré de pornografia.[55]

Em resposta a muitos questionamentos que foram levantados, o congresso respondeu ao apelo, estudando o assunto e redigindo uma declaração final, que dispunha das seguintes afirmações:

> O sexo é determinado por Deus no contexto do amor, que é essencialmente um ato espiritual. Os cristãos não devem subestimar os dados causados pela ênfase

> excessiva, dada ao sexo pelo adultério e pela promiscuidade nos indivíduos envolvidos e na própria sociedade. O excesso de ênfase ao sexo tem muito a ver com a solidão dos jovens. Há uma preocupação com a sexualidade física e isto tende a aumentar a solidão experimentada pela juventude. Os cristãos não devem deixar correr a enxurrada de pornografia que envolve a exploração das fraquezas do homem e a corrupção de sua natureza espiritual e moral. Atacando o homem dessa maneira, ele se torna antes um objeto da luxuria do que uma pessoa criada à imagem de Deus. A pornografia, ferindo a imagem de Deus no homem, é um ataque ao próprio Deus. Resumindo, ela é um comércio que destrói e desumaniza, explorando as fraquezas dos consumidores.[56]

Questões sobre sexualidade sempre são bem delicadas. Quando o assunto envolve a pornografia, torna-se ainda mais difícil, devido à falta de compreensão por parte das pessoas, como também por receio de falar sobre sexo em ambientes religiosos. De certa forma, a omissão do assunto no ambiente eclesiástico contribui para um aumento de pessoas que se envolvem com esse mal, que sorrateiramente vem ganhando espaço na sociedade. Nesse sentido, abordar-se-á no capítulo seguinte, de forma resumida, o plano de Deus para a sexualidade, bem como o caminho escolhido pelas pessoas e o resultado de suas devidas escolhas.

2. O PROJETO DE DEUS E O CAMINHO ESCOLHIDO

Segundo o relato do livro de Gênesis, tudo o que Deus havia criado era bom. Porém, quando criou o homem e a mulher Ele disse: "E Deus viu tudo o que havia feito, e tudo havia ficado muito bom" (Gn 1.31 NVI)[57]. Nesse sentido, compreende-se que tudo que foi criado para o homem e a mulher desfrutar era muito bom, inclusive o sexo. A sexualidade foi colocada no ser humano para que viesse a desfrutar do ato sexual entre homem e mulher. De certa forma, todas as pessoas carregam em si o desejo por intimidade, mas, quando buscada da maneira errada, o indivíduo afasta-se daquilo que foi planejado por Deus. Infelizmente, muitos têm optado pelo caminho errado.

2.1 Projeto de Deus em relação à vida sexual

A Bíblia relata, no livro de Gênesis, a respeito da criação de tudo que Deus fez, inclusive sobre a formação do homem. Especificamente há uma passagem informando da situação do homem após a sua formação. Revelando que ele estava só, apesar de ser visitado por Deus constantemente. O texto afirmou que: Então : "não é bom que o Homem esteja só; farei para ele alguém que o auxilie e lhe corresponda" (Gn 2.18)[58]. Compreende-se que o homem é uma criatura social e precisa de uma companheira que lhe seja correspondente. Gênesis 2.7 diz que ele foi formando do pó da terra, por isso, era de se esperar que, quando Deus fosse criar a mulher, faria da matéria semelhante à qual o homem fora criado, mas não foi bem assim que aconteceu.

Então, a narrativa de Gênesis 2.21 diz que o Senhor Deus fez o homem cair em profundo sono e, enquanto dormia, tirou-lhe uma costela, fechando o lugar com carne. Com a costela que havia tirado do homem, o Senhor Deus fez uma mulher e levou-a até ele. Duas pessoas totalmente distintas, Deus separou o feminino do masculino. Com essa separação, brotou nos dois um profundo desejo de se unirem novamente, voltando a gozar uma unidade profunda. Devido a isso, a sexualidade tornou-se uma característica fundamental da personalidade do indivíduo. Seja homem ou mulher, a personalidade sexual domina o pensamento e dá forma a sua autoimagem.[59]

Como as Escrituras descrevem, após o processo de queda do ser humano, abre-se uma lacuna na sexualidade, visto que Deus criou cada indivíduo conforme sua imagem e semelhança. Sendo assim, compreende-se que todos os impulsos sexuais, capacidade de amar, respeitar e de não violar estão intrinsicamente ligados à semelhança de Deus, que é amor em sua própria essência.[60] Porém, com o afastamento do homem de seu plano original, muitas coisas passaram a fazer parte do seu ser. Na área sexual, cresceu o erotismo nas pessoas, abrindo feridas na sexualidade, de maneira que o indivíduo se afastasse do seu Criador, tornando-se prisioneiro dos seus instintos.

O plano inicial de Deus em relação aos desejos sexuais envolvia pelo menos três aspectos de suma importância. O primeiro aspecto está relacionado diretamente com a reprodução da criação da espécie. Em (Gn 1.28), diz: "Sede fecundos, multiplicai-vos, enchei a terra e sujeitá-la".[61] O segundo, tanto os homens quanto as mulheres poderiam desfrutar do prazer no casamento. O terceiro, para expressar amor, sendo este a maneira mais singular e terna de um: *eu te amo*.[62] O relacionamento sexual entre homem e mulher é uma dádiva de Deus, é algo designado para a plenitude do casal. Porém, Satanás tomou esse projeto de Deus e fez o que ele sabe fazer de melhor, que é uma mísera imitação do que é verdadeiro, levando os indivíduos a buscar prazer nas mais sórdidas maneiras.[63] Segundo Mcdowell, Deus criou a sexualidade com propósito e planejou que o ser humano dispusesse de vida sexual excitante quando possível, contudo, criou também o manual do usuário: a Bíblia. A sexualidade é algo muito bom, mas tem suas regras e normas.

De acordo com o texto de Gênesis 1.27, compreende-se que a sexualidade foi criada para ser desfrutada dentro do âmbito do casamento, "à sua imagem os criou: homem e mulher os criou".[64] Algo que deve ser evidenciado nesse texto é a diferenciação entre macho e fêmea, diferente de como a sociedade vê e tenta impor: homem com homem e mulher com mulher. Merk destaca a importância da compreensão do texto de Gênesis 4.1: "Conheceu Adão a Eva, sua mulher, e ela concebeu e teve a Caim, e disse: Alcancei do Senhor um homem".[65] O ato de conhecer a Eva refere-se a ter relações sexuais com ela. O ato sexual é um evento em que duas pessoas de sexos diferentes se entregam um ao outro, com o mais alto grau de mutualidade. Diferente do padrão de sexualidade que é apresentado pela sociedade, no qual tanto as mulheres quanto os homens tentam muitas vezes produzir, em seus próprios corpos, o prazer que só deveria ser desfrutado quando há consentimento.

2.2 Relação da imoralidade sexual e idolatria

Um forte indicador de imaturidade na atualidade é a compulsão pela pornografia. Esta, como qualquer outra maneira de perversão, fornece ao ser humano um benefício de prazer a curto prazo, mas que, no fim, o engana e escraviza por prometer intimidade limitada apenas a quem faz uso da mesma. Pornografia é a erupção de uma sociedade moderna do mundo inteiro, considerada também idolatria.[66] Através das imagens vistas, o ser humano cria fantasias em sua mente, que o levam a se masturbar. Na verdade, o ato de masturbação é uma ação de adoração, em que a pessoa reverencia o seu ídolo, sendo este a imagem criada em sua mente. "Os altares da mente são semelhantes aos altares idólatras que a nação de Israel edificou a fim de tornar o lugar de adoração ao Deus Jeová".[67]

Hoje, muitos podem não queimar incenso ou dobrar seus joelhos diante de imagens, ou diante da deusa Afrodite, mas pode ser que estejam entrando em uma depressão pela busca da beleza e pela má alimentação, passando a sofrer por transtornos compulsivos e por causa da imagem corporal. Outros, ainda, podem não queimar incenso a Ártemis, mas, quando são elevados a altos níveis de graduação no trabalho, desprezam tudo, negligenciando filhos, família, simplesmente para alcançar prestígios e riquezas. Tudo isso representa uma cultura de ídolos.

A Bíblia relata, no livro de Romanos, que os "homens" mudaram a verdade de Deus em mentira. E, na condição de seres espirituais, jamais conseguiram viver sem buscar algo que seja superior a eles. Ao renunciar à verdade, o ser humano passa a adorar a um falso deus. Uma forte verdade é que aquilo que vicia, faz promessas semelhantes às que o próprio Deus faz. Um exemplo disso é, para um alcoólatra, a bebida ser mais confortável do que as promessas do Senhor, pois ela sempre lhe trará uma sensação de entusiasmo e euforia imediata, o que é suficiente para livrá-lo das agonias de sua realidade naquele momento. Parentes e amigos podem até decepcioná-lo, mas a garrafa de bebida jamais o abandonará. Isso se constitui um dos piores tipos de idolatria.[68] De forma semelhante, é a pornografia, um culto prestado aos valores deste mundo, não passando de culto a si próprio. Nesse sentido, mudam a verdade de Deus, pois o ser humano passa a se sentir competente para satisfazer suas ambições da forma como as acha apropriada.[69]

Um dos aspectos mais comuns da condição humana, aspecto esse que incorpora as experiências controladoras e infrenes do vício, é conhecido como idolatria. Partindo do pressuposto idolatria, a perspectiva do vício é levar a pessoa a se afastar dos limites da natureza do Reino e propor a natureza dos ídolos. Quando isso acontece, o indivíduo passa a adorar mais a criação do que o Criador.[70] Uma narrativa bíblica que expressa claramente que o ser humano é propenso a voltar à escravidão dos ídolos, está em Deuteronômio:

> 6"Eu sou o Senhor, o teu Deus, que te tirei do Egito, da terra da escravidão. 7"Não terás outros deuses além de mim. 8"Não farás para ti nenhum ídolo, nenhuma imagem de qualquer coisa no céu, na terra ou nas águas debaixo da terra. 9 Não te prostrarás diante deles nem lhes prestarás culto, porque eu, o Senhor, o teu Deus, sou Deus zeloso, que castigo os filhos pelo pecado de seus pais até a terceira e quarta geração daqueles que me desprezam, 10 mas trato com bondade até mil gerações, os que me amam e guardam os meus mandamentos. (Deuteronômio 5.6-10 NVI).[71]

A nação de Israel foi repetidamente advertida por Deus, por meio do profeta Ezequiel, por viver na idolatria. No Antigo Testamento, quando a nação era advertida por Deus em relação a suas expressões de lealdade à idolatria, a repreensão era relativa ao que se diz respeito a algo que fluía do coração (Ez. 14.2-6). Igualmente a carta de 1 João: “filhinhos, guardai-vos dos ídolos” (5.21).[72] Nesse caso ainda mais específico, João está preocupado com os Baais perniciosos e invisíveis que são edificados dentro do coração. As Escrituras nos permitem ampliar a definição de idolatria de forma que esta inclua afeições com apego excessivos, tais como a cobiça por prazer, respeito, amor, controle, e até mesmo a isenção de dor, não sendo estes apenas encontrado na área externa do ser, mas também dentro do indivíduo.[73]

O ser humano é chamando a imitar a Deus, isso implica viver para a glória Dele, sem dúvida um chamado nobre, mas que muitos escolhem abandonar para servir os ídolos. Quando há abandono da adoração que deveria ser prestada ao Criador, inicia-se o processo de renúncia daquele a quem deveria ser imitado, voltando-se ao objeto de adoração ao qual se espera que lhe dê o que está querendo. Infelizmente, essa atitude torna-se totalmente proposital por parte dos que a praticam. O que mais se deseja por parte dos que abandonam as verdades de Deus, é a compensação.

[74] No entanto, o principal propósito do idólatra é manipular o seu ídolo para o seu benefício pessoal. Idólatras jamais querem seus ídolos acima de si mesmos, seus ídolos foram feitos para os servirem. Todavia, esses ídolos não cooperam, e ao invés de serem dominados, passam a dominar seus usuários, os quais se tornam parecidos com eles. Totalmente sem lógica, irracionais, surdos, cegos, mudos, bem como o Salmo 115 relata: "tornem-se como eles aqueles que os fazem e todos os que neles confiam". [75] Muitos se perguntam como os ídolos conseguem exercer tanto domino sobre seus súditos. Segundo Welch, uma provável resposta seria:

> Os idólatras são controlados pela sedução das sereias[76]: "Este é o caminho para as boas sensações, prazer, aceitação e uma autoimagem melhor". Mas eles estão condenados a se despedaçar contra as rochas (...) eles dominam por causa da presença silenciosa, mas poderosa, que se esconde atrás de todo ídolo: o próprio satanás. Assim como nossa obediência a Deus demonstra nossa lealdade a Ele, quando colocamos nossas afeiçoes em objeto criados, demostramos nossa afinidade a satanás.[77]

Segundo Priolo, a idolatria está relacionada com raízes mais profundas a serem descobertas na vida de um indivíduo. Dentre elas, destaca-se o egoísmo o qual, para todos os efeitos e propósitos, é o equivalente prático do pecado. Os desejos idólatras do coração do ser humano são comosos os dois lados de uma moeda: de um lado, pode-se ler egoísmo e do outro a falta de amor a Deus e ao próximo.[78] A "queda" do ser humano sendo motivo de afastamento de Deus é o que gera o egoísmo. Isso o faz voltar-se a si mesmo, tornando-o um ser pecaminoso e que novamente precisa voltar-se a Deus. Porém o remédio prático para ele é aprender amar a Deus e ao próximo:

> Um deles, perito na lei, o pôs à prova com esta pergunta: "Mestre, qual é o maior mandamento da Lei? "Respondeu Jesus: " 'Ame o Senhor, o seu Deus de todo o seu coração, de toda a sua alma e de todo o seu entendimento'. Este é o primeiro e maior mandamento. E o segundo é semelhante a ele: 'Ame o seu próximo como a si mesmo'. Destes dois mandamentos dependem toda a Lei e os Profetas"(Mateus 22.35-40).[79]

Analisando o texto citado acima, compreende-se que estes são os dois maiores antídotos práticos contra o pecado que habita no ser humano: quanto mais se ama a Deus e ao próximo, menos egoísta será. Egoísmo é uma excelente palavra para definir pecado. O texto de 2 Timóteo 3.1-5 deixa bem claro que o egoísmo é como a base para a busca dos prazeres e o distanciamento de Cristo. Além disso, o egoísmo tem se tornado o deus das pessoas ímpias, bem como o maior ídolo do mundo; e que a tríade - o amor desordenado pelos prazeres, lucratividade e honrarias - nada mais é que amar a si mesmo de maneira idólatra, dando a si mesmas honras e prerrogativas.[80]

2.3 Causas da Pornografia

2.3.1 Carnalidade

Geralmente, quando o ser humano erra pela primeira vez, acha que é tudo normal e que não haverá consequência, afinal errar é humano. Mas, na maioria das vezes o indivíduo cai no mesmo erro, isso o leva a sentir-se fracassado, a pensar que é aquilo que está fazendo. A verdade é que os seres humanos são todos falhos, e isso é parte da sua natureza pecaminosa.

A Bíblia deixa claro que o ser humano é propenso às coisas da sua natureza. Isso inclui os prazeres carnais, que de certa forma o tornam vulnerável a todo tipo de pecado. As Escrituras alertam também que esse pecado separa o ser humano da verdadeira felicidade. Essa é a mesma felicidade que muitos procuram na pornografia, que por um momento até traz alegria, mais tarde o levará a um profundo vazio. Este, por sua vez, precisa ser preenchido com doses maiores de todo tipo de impurezas que possa pensar.[81]

A grande verdade é que muitos homens e mulheres estão carecendo urgentemente de uma desintoxicação, pois deixaram-se envolver de tal maneira com a pornografia que precisam urgentemente de redefinição moral e psicológica. Suspeita-se, ainda, que grande parte dos cristãos esteja envolvida nessa carnalidade, e já não sabem mais definir seu senso do que é certo ou errado. Por isso, necessitam do voltar à normalidade e retornar a sua saúde, pois já tiveram suas mentes dominadas pela poluição e a corrupção.[82]

Um fator considerável atualmente é o Experiencialismo, que se refere ao ato de ter novas experiências, inclusive no que se diz respeito a fenômenos teológicos, e causa a necessidade de adquirir mais conhecimento. Via de regra, são desconsideradas algumas metanarrativas, com isso o ser humano passa a crer nas experiências pessoais, dando mais ênfase nas suas emoções, afeições e paixões. Nesse sentido, o mesmo passa a tirar a centralidade de Deus e pôr em seus próprios desejos. Como consequência, percebe-se uma espiritualidade atual que se baseia em um forte egocentrismo que tenta manipular o sagrado de acordo com os caprichos carnais.[83]

Outra característica presente no ser humano atual é o consumismo, por sua vez ligado a muitas considerações hedonistas[84], visando apenas a satisfação e o prazer, cultivadas as mais sórdidas frivolidades e futilidades. Alinhado a esse consumismo, muitas igrejas perderam o foco e passaram a adotar algumas doutrinas que visam apenas o favorecimento do ego do indivíduo. Por isso, muitos cristãos se envolvem com o que é denominado "capitalismo neoliberal", uma espécie de modo de vida que seja relativo a receber as bênçãos financeiras da parte do Senhor. Sendo assim, muitos cristãos e não cristãos passam a viver uma espécie de modernismo e consumismo, tornando-se propensos a confiar mais em sua capacidade, construindo para si uma espécie de adoração própria e substituindo o Deus verdadeiro.[85] O individualismo é outro fator que pesa largamente nas questões carnais, visto que esse mal tem se tornado parte da rotina da maioria dos indivíduos pós-modernos. Entende-se que o individualismo é a centralização do mundo dentro do ser da pessoa, a qual valoriza muito mais aquilo que foi criado do que o próprio Criador, não restando espaço para amar ao Senhor acima de todas as coisas e nem o próximo como a si mesmo.[86]

A Bíblia menciona ainda, sobre a dureza do coração, nesse sentido ela observa que quando um indivíduo está com o "coração endurecido", ele passa a agir carnalmente. Na carta aos Hebreus o escritor já advertia: "cuidado, irmãos, para que vocês não tenham o coração endurecido e incrédulo que se afasta do Deus vivo" (Hb. 3.12).[87] Consequentemente, a pessoa passa a agir como se Deus fosse culpado por não suprir algumas de suas necessidades. Na Bíblia, o apelo contra o endurecimento do coração não era apenas para os cristãos, mas para todos que se opusessem à vontade de Deus (2Sm 2.9-12). O Próprio Deus declarou, em uma de suas promessas: "Então aspergirei água pura sobre vocês e vocês ficarão purificados. Eu os purificarei de todas as suas impurezas e de todos os seus ídolos. Eu lhes darei um coração novo e porei dentro de vocês um espírito novo. Tirarei de vocês o coração de pedra e lhes darei um coração de carne" (Ez. 36.25-26).[88] Coração de carne no sentido de moldável pelo amor de Deus, pois já havia sido endurecido como pedra pela carnalidade.[89]

2.3.2 Falta de santidade

Deus ama tanto o ser humano que colocou dentro dele o desejo sexual e, com certeza, deseja que isso seja feito de maneira saudável. Mas também mostra, em sua palavra, que o "sexo" fora do casamento é pecado. Muitos começam a se envolver com a sexualidade, ignoram os sinais que não são permitidos e perdem o controle. A Bíblia deixa bem claro, em 1 Tessalonicenses 4.3-8, que Deus deseja que o seu povo viva uma vida de santificação e fuja das imoralidades sexuais. Algo deve ficar bem claro na mente das pessoas, mas principalmente dos cristãos, a saber: que Deus possui um padrão para o ser humano seguir, o qual muitos não buscam conhecer.

> Por causa de nossos próprios padrões em relação a pureza sexual estarem tão misturados com os de Deus, e uma vez que muitos cristãos não leem a Bíblia, muitos homens não possuem nenhum entendimento sobre o padrão de Deus em relação a este assunto.[90]

Algo interessante, que muitas vezes as pessoas não sabem, é que em toda a Escritura o ser humano é chamado a viver uma vida de pureza, independente da circunstância, mas, em específico, há um chamado no Novo Testamento a evitar a impureza sexual.[91] Mateus 5:28 diz: "Mas eu lhes digo: qualquer que olhar para uma mulher para desejá-la, já cometeu adultério com ela no seu coração".[92] A Bíblia também afirma que:

> Pois do interior do coração dos homens vêm os maus pensamentos, as imoralidades sexuais, os roubos, os homicídios, os adultérios, as cobiças, as maldades, o engano, a devassidão, a inveja, a calúnia, a arrogância e a insensatez. Todos esses males vêm de dentro e tornam o homem 'impuro' ". (Marcos 7:21-23 Bíblia NVI). A noite está quase acabando; o dia logo vem. Portanto, deixemos de lado as obras das trevas e vistamo-nos a armadura da luz. Comportemo-nos com decência, como quem age à luz do dia, não em orgias e bebedeiras, não em imoralidade sexual e depravação, não em desavença e inveja. Pelo contrário, revistam-se do Senhor Jesus Cristo, e não fiquem premeditando como satisfazer os desejos da carne (Rm 13.12-14).[93]

Considerando a citação acima, dentre tantos requisitos há um que é de extrema importância na vida de uma pessoa que serve a Cristo: a santidade. "Sem a santificação [santidade], ninguém verá o Senhor" (Hb. 12.14b).[94] Subentende-se que santidade seja o processo prático da santificação, etapas práticas na vida de um indivíduo que teve sua vida alcançada pelo amor de Jesus. Uma pessoa pode ir muito longe sem jamais ter experimentado a verdadeira santidade. Não se trata de conhecimento, nem de profunda confissão cristã, sendo esse o caso de Judas Iscariotes que professava ser cristão. Também não se trata de ser zeloso e nem de moralidade ou responsabilidade, pois o jovem rico, descrito em Lucas, possuía vários dos requisitos, porém não dispunha de santidade.[95] Conquanto, a Bíblia menciona que aqueles que não ser esforçam para ter o hábito de buscar conhecer a mente de Cristo para viver os seus preceitos, abandonando aquilo que ele abomina e amando aquilo que Ele aprovava segundo a medida de Sua Palavra, não pode ser considerado alguém que busca santidade. A falta do desejo de cumprir a sua vontade, o medo de desagradar as coisas do mundo, falta de mansidão, longanimidade, gentileza, paciência, brandura, controle sobre a própria língua, são pré-requisitos de uma escassez de santidade. Como, também, a falta de desejo de mortificar a carne, as paixões, até mesmo as preocupações desse mundo.[96]

O padrão bíblico de santidade é muito elevado, e o que está em jogo não é aquilo que a pessoa pensa ou sente, mas o que o indivíduo faz. Muitos podem até pensar que viver a santidade que a Bíblia descreve é somente para pessoas separadas, missionários, pastores, etc. Porém, em 1. João 3:3 diz: "e todo que tem essa esperança nele purifica a si mesmo, assim como ele é puro".[97] Ficando claro que a santidade é para todos. Muitos homens e mulheres alegam que não conseguem alcançar tal padrão. Jesus mesmo disse no Sermão da Montanha: "...estreita é a porta e apertado é o caminho que conduz para vida, e são poucos os que o encontram" (Mt 7.14).[98] O grande problema é que o ser humano não quer negar a si mesmo, os prazeres do pecado nem mesmo abandonar seus próprios caminhos enquanto estão nesta terra. Alguns reclamam que, de fato, o caminho que conduz a uma vida de santidade é estreito demais, porém, quando se analisa o que foi ensinado por Jesus, compreende-se que não há avanço sem sofrimento e renúncias, visto que Jesus mesmo disse que, se alguma parte do teu corpo te fizer pecar, melhor seria arrancá-lo do que padecer no inferno.[99]

Santidade está ligada fortemente a um hábito. Este, por sua vez, deve ser uma só mente com Deus, implica rejeitar o que Ele odeia e amar o que Ele ama, passando comparar todas as coisas deste mundo segundo o padrão da Palavra. No entanto, para que o ser humano venha a ser uma só mente com Deus, ele deve disponibilizar de algumas características; deve esforçar-se para ser como Jesus, vivendo uma vida de fé e trabalhar para ter a mente de Cristo sendo conforme a sua imagem (Romanos 8.29), deve demostrar amor, ser manso e humilde, dispor de bom testemunho, paciente e gentil. Além disso, um ser humano que busca a santidade precisa urgentemente viver a autonegação. Batalhará para mortificar os seus desejos carnais e suas inclinações sempre que elas tentarem se manifestar. Contudo, todos os aspectos anteriormente citados só poderão tornar-se realidade se o indivíduo dispuser de uma vida regrada de oração e leitura da Palavra.[100]

Infelizmente, muitos tendem a pensar que santidade só diz respeito a algumas fases da vida. O grande problema é que muitas pessoas interrompem o processo de santidade que começou ao entregar a sua vida ao senhorio de Cristo. Quando não entende mais sua identidade antes e depois de sua conversão e, principalmente que agora refletem a imagem de Deus, passando a viver de forma contrária aos preceitos e padrões estabelecidos biblicamente. Tal falta de entendimento torna-o suscetível a voltar a viver práticas mundanas, o que é uma possível causa para esse afastamento de uma vida de santidade, relacionado a pecados cometidos e não confessados; a busca pelas coisas da terra e não as do alto e, também, uma má compreensão em ralação às adversidades que viriam a enfrentar, mesmo sendo cristãos.[101]

2.3.3 Influências demoníacas

O autor Erviw Lutzer relata, em uma de suas obras, a experiência que tivera em uma determinada noite, quando instalaram em seu computador o sistema de internet. Ele conta que:

> Certa noite ligamos a internet em nosso computador e, naquela noite, tive um sonho estranho. Vi uns seres malignos, tentando me pregar em uma parede da minha casa. Foi uma sensação horrível, mas entendi que aquilo era um aviso de Deus. Em nossa casa entrara algo que procuraria destruir-me. Satanás tinha intenção de me aniquilar bem dentro do meu lar. Dou graças ao Senhor por aquele aviso. E se alguma vez for tentado a entrar nesse mundo sombrio, que é a pornografia da internet, irei lembrar-me de que estou me "entregando" a um inimigo cujo objetivo é destruir-me.[102]

Estão cada vez mais acessíveis os materiais pornográficos em todo mundo, como também não há mais limites para a criação de um produto de simples nível, pelo contrário, os filmes de cunho adulto vêm acompanhados com cenas de muita violência e, principalmente, de ocultismos. Certo redator de roteiros televisivos fez a seguinte afirmação: "temos de fazer o povo rir do incesto, do adultério e do homossexualismo, porque isso quebra a resistência da sociedade para com essas práticas".[103] Em um de vários artigos publicados pela Igreja Católica Apostólica Romana, o Pe. David Nix afirma o seguinte sobre a influência demoníaca que subjaz na pornografia:

> A pornografia libera demônios reais em seu lar. Considere a citação de Jesus acima onde ele diz que simplesmente olhar para uma mulher com luxúria é "adultério". Agora considere o fato de que os exorcistas dizem que efetivamente existem demônios específicos do adultério. Os demônios provavelmente não podem cometer luxúria (já que eles não têm corpo físico), mas há demônios em missões específicas de luxúria contra nós, seres humanos. Assim, ligar-se a uma mulher que você vê na pornografia, convida esses demônios para a sua casa. Eu não sou um exorcista, mas faço exorcismos menores no ministério de libertação que me levou até a Índia. Quando trabalho com pais jovens que têm vícios e fetiches, muitas vezes percebo que seus filhos têm padrões de gritos muito estranhos que quase parecem diabólicos. Não estou dizendo que essas crianças estão possuídas, mas há alguns sinais de obsessão diabólica nessas famílias, onde o pai luta com a pornografia. De qualquer forma, estou totalmente convencido de que os jovens pais que usam pornografia estão trazendo demônios para a sua casa. Como é triste saber que esses são os homens que querem proteger sua família e cuidar de sua casa.[104]

Merril F. Unger, renomado professor do Seminário Teológico de Dallas, diz que, em relação às atividades demoníacas, os espíritos podem exercer influências na vida de cristãos e não cristãos, podendo variar de um leve momento de tormento até a sujeição extrema. Nesse sentido, o corpo e a mente já estariam mantidos em escravidão pelos agentes espirituais, podendo ser oprimidos, atormentados, impedidos e amarrados pelos demônios. Além disso, aqueles que estupidamente abrem a porta para o pecado sexual podem esperar que o inimigo se aproveite totalmente da oportunidade para levá-los a um lugar maior de escravidão:

> A influência demoníaca pode acontecer em graus diferentes de severidade e de várias maneiras em cristãos e não-cristãos igualmente. Em suas formas menos severas, o ataque demoníaco vem exteriormente pela pressão, sugestão e tentação. Quando a pessoa cede a essa pressão, sugestão e tentação, o resultado é sempre um grau maior de influência demoníaca. Embora a humanidade tenha caído em Adão e se tornado uma presa para Satanás e os demônios, as forças das trevas sempre foram severamente limitadas. Eles só podem escravizar e oprimir o homem caído até o ponto em que ele voluntariamente transgrida a lei moral eterna de Deus e se expõe ao diabo.[105]

John Piper, em relação às influências demoníacas na área da sexualidade, também destaca que: primeiro ele ressalta que quem criou os desejos sexuais foi Deus. Afirma ainda, que sentir desejos não é diabólico, porém Satanás pode utilizar-se dos desejos. Menciona que, quando analisado o texto de 1Coríntios 7.5 "Não se recusem um ao outro, exceto por mútuo consentimento e durante certo tempo para se dedicarem a oração. Depois, unam-se de novo, para que Satanás não os tente por não terem domínio próprio".[106] Evidencia-se que esse versículo explica a maneira como o diabo age quando há brechas no relacionamento do casal. De modo semelhante, pode ser aproveitado e muito bem observado que há uma ação maligna quando o assunto está relacionado aos desejos sexuais. Piper afirma ainda que: "quanto mais intenso for o desejo sexual, mais propensos estaremos ao engano de julgar que não é errado satisfazer esse desejo por meio da fornicação, adultério ou masturbação".[107]

2.3.4 Doença ou pecado

Uma das maiores lutas do ser humano é manter a mente e o coração incontamináveis. Muito antes mesmo de haver as tecnologias, a internet e o fácil acesso ao conteúdo pornográfico, as Escrituras Sagradas já advertiam quanto ao modo de vida imoral que muitas pessoas viviam. Em uma de suas cartas, o Apóstolo Pedro, escrevendo em específico para um grupo cristão, a respeito dos deveres, afirma o seguinte:

> Amados, insisto em que, como estrangeiros e peregrinos no mundo, vocês se abstenham dos desejos carnais que guerreiam contra a alma. Vivam de entre os pagãos de maneira exemplar para que, mesmo que eles os acusem de fazer o mal, observem as boas obras que vocês praticam e glorifiquem a Deus no dia da intervenção Dele. (1 Pe 2.11-12)[108]

Ainda na mesma carta, Pedro chama atenção quanto ao modo de proceder diante dos desejos malignos que rondam o coração do homem. Ele recomenda que não vivam mais como eles viviam antes de conhecer a Verdade, sendo que Cristo já havia rompido com o pecado, agora já não mais havia motivo para viverem satisfazendo os desejos carnais.[109] Conforme o texto da carta de 1 Pedro 4.3b, "andando em dissoluções, concupiscências, borrachices, glutonaria, bebedices, abomináveis idolatrias".[110]

A maioria dos psicólogos e psiquiatras que não são cristãos agem de maneira diferente diante dos vícios sexuais. Para muitos destes, o material pornográfico, quer seja ele de origem real ou imaginária, não é prejudicial:

> A associação Americana de Psicologia ainda não reconhece o "vício sexual" como uma desordem. O diagnóstico tem sido controverso desde a década de 80. Eles não tratam de caso como esse a menos que a obsessão se torne sociopática. Quando isso normalmente acontece, o homem normalmente é rotulado como alguém que tem transtorno compulsivo (TOC), uma desordem sexual obscura atribuída a ansiedade, ou como alguém que tem um comportamento sexual compulsivo.[111]

No entanto, os psicólogos cristãos não pensam de igual forma, eles levam em conta algumas passagens bíblicas e se envolvem de forma diferente em determinados casos. Buscam mais soluções na moralidade e na ética cristã, como forma de combinação de terapias cognitivas. Além disso, para muitos psicólogos cristãos, aconselhar casos que envolvem a área sexual exige treinamento especial.[112] E ainda, os psicólogos cristãos relataram o seguinte:

> O tratamento sexual competente abrange dimensões éticas e clínicas (...) o tratamento sexual clínico, é um treinamento especializado em alguns casos. Onde está a recomendação de treinamento bíblico? Eles não entendem que a bíblia é necessária ou totalmente suficiente para lidar com sérias compulsões sexuais.[113]

A maioria das pessoas que sofrem com as compulsões sexuais vive uma mistura de gratificação e escravidão. Esses sentimentos passam a dominar completamente a vida da pessoa. Essa é uma escravidão que tem um preço e exige um pagamento. Toda vez que a Bíblia menciona esse problema, analisa-se que mesmo o escravo deve pagar impostos ao seu senhor e essa é a sua adoração. No entanto, quando as Escrituras mencionam a escravidão, elas apontam duas formas diferentes: aqueles que são escravos e nascidos em sua casa e os que eram forçados a serem escravos, podendo comparar, assim, a dois tipos de escravidão sexual.[114]

Principalmente quando se trata do gênero masculino, há um grau maior de escravidão. Estudos recentes fornecem informações importantes que confirmam a propensão genética do indivíduo do sexo masculino, a saber:

> Os circuitos elétricos cerebrais que processam os estímulos tanto de recompensa como de repulsa são, hipoteticamente o centro motivador do comportamento. Neste estudo, categorias distintas de beleza facial são mostradas a fim de obter diferentes indicadores de recompensa e ativar, de forma diferenciada, os estímulos elétricos nos seres humanos. Em particular, homens heterossexuais jovens classificam figuras de homens e mulheres atraentes, mas quando oferecida a oportunidade, prontamente escolhem ver apenas figuras de mulheres atraentes. Porém, a ressonância magnética num equipamento moderno (3T) mostra que a observação passiva de rosto feminino atraentes aciona o circuito elétrico de recompensa, em particular o nucleus accumbens[115]. Grande parte das regiões de recompensa subcortical e paralímbica também parecem seguir este mesmo padrão, sugerindo que o funcionamento dos circuitos elétricos de recompensa não leve em conta a avaliação estética.[116]

Sendo assim, Schwienbacher, responsável pelo estudo acima argumenta que as regiões subcortical e paralímbica do cérebro disparam por instinto, simplesmente por causa do instinto evolutivo, para que sua espécie possa ser preservada e propagada. Além disso, concluiu que os instintos sexuais são naturais e irresistíveis, e que não é possível lutar contra a natureza.[117] No entanto, quando analisada a Palavra de Deus, constata-se uma observação bem perspicaz: "se alguém mimar o escravo desde a infância, por fim ele quererá ser filho"(Pv 29.21).[118] O referido autor ressalta que:

> Ao alimentar seus ídolos, com desculpas elaboradas, muitos aconselhados são mantidos escravos de indulgências sexuais por toda a vida. A condição espiritual da pessoa é determinante, e não a sua biológica. As pessoas que nascem num lar de impiedade são escravas depravadas, e à medida que se entregam à sua sensualidade, se tornam filhos ávidos por sua ímpia sensualidade. Tais pessoas se tornam verdadeiros filhos do sexo.[119]

No entanto, muitos não conseguem diferenciar aquilo que é pecado ou mesmo um vício. Porém, ignorar que existe algo errado dentro do ser humano seria um autoengano, especificamente quando falamos sobre os vícios. Pensando sobre isso, um dos grandes inconvenientes da nossa cultura é admitir o fracasso em que muitos vivem ou ainda que os erros que muitos comentem, se descobertos, podem afetar o senso de valor próprio. Um grande problema enfrentado por muitos indivíduos cristãos ou não cristãos, é a diferenciação. Não sabem se o que eles estão praticando tem a ver com Deus, seja em ação ou em atitude de pensamento. Creem que o problema está apenas dentro delas, sendo assim, não está sendo nem contra Deus, nem contra as pessoas a sua volta. Por isso, não conseguem diferenciar se o que praticam é contra Deus ou mesmo se é pecado.[120]

Entretanto, pelo fato de não *sentir* que o pecado é o maior e o principal problema, não prova nada. Segundo as Escrituras, o maior pecado de todo ser humano é ainda maior e mais secreto: "eu não amo o Senhor meu Deus de toda a minha mente e de todo meu coração",[121] essa falha transfere a adoração que o ser humano deveria prestar a Deus para outra coisa, caracterizando o pecado, logo todos são pecadores. No entanto, à medida que tanto cristãos como não cristãos, que vivem na prática de algum ato, quer eles saibam ou não, estarão propensos ao vício, consequentemente uma escolha pecaminosa poderá resultar em uma doença.[122]

3. OS EFEITOS NOCIVOS E O CAMINHO PARA ENFRENTAR A PORNOGRAFIA

Embora a pornografia ofereça uma dose elevada de prazer e satisfação, proporcionando alívio imediato para as frustrações, o que muitas pessoas não sabem é que, ao mesmo tempo que gera benefícios momentâneos, traz consigo muitos efeitos negativos a curto e longo prazo, tanto para os que consomem quanto para as pessoas à sua volta. Para aqueles que já se encontram dependentes do vício pornográfico, resta-lhes tomarem uma decisão séria e radical de sair do vício e, assim, serem direcionados a um caminho que possibilite apoio.

3.1 Visão panorâmica e consequências

Incontáveis são as razões para continuar nesse vício, entre elas, as pessoas que a praticam dizem que não estão fazendo mal a ninguém. "Eu não bebo, eu não fumo, não estou fazendo mal para ninguém. O que é que tem eu chegar em casa e praticar um pouquinho de pornografia, não mato ninguém, estou pagando minhas contas, estou lavando minhas roupas."[123] Outra justificativa apresentada por algumas pessoas, seria que lançam mão da pornografia para evitar um mal maior, atestam que até tentam evitar, porém não é fácil, e questionam por que é tão ruim gostar um pouco disso.[124]

Inúmeras são as justificativas pelas quais tanto homens quanto mulheres são atraídos pela pornografia. Para elas, casualmente pela curiosidade, já para os homens a curiosidade por algo desconhecido é a maior razão pela qual são atraídos a ver imagens, filmes e sites de mulheres nuas. Em casos específicos, como os homossexuais, existe, ainda, a curiosidade em comparação ao corpo, ou seja, como ele é em relação ao outro. Além destas, há também a busca por intimidade, visto que, Deus criou o ser humano, colocou dentro dele o desejo relacional. Entretanto, o medo das frustrações e decepções nos relacionamentos pessoais leva muitos a se prenderem em um relacionamento apenas virtual e sem laços emocionais e nem mesmo aprovação dos outros.[125]

A realidade do problema presente no vício pornográfico é, que com o passar do tempo, ele vai criando um mundo fictício, a maioria das imagens ou vídeos são artisticamente modificados, extremamente distantes da realidade, causando uma mentira ainda mais atraente. A grande verdade e, tanto os gestos como as posições, expressões sexuais de prazer, não passam de um trabalho artisticamente modificado por especialistas, são iscas, e o que está por trás é um anzol bem afiado para prender muitos, porquanto a industrialização do sexo é bem planejada pelo marketing do engano.[126]

3.1.1 Efeitos psicológicos

Muitos são os problemas relacionados ao consumo de pornografia. Estes são conhecidos de longa data, quando uma das fontes mais utilizadas eram as revistas. No ano de 1967, uma comissão foi criada nos Estados Unidos em resposta à preocupação com as consequências do uso de material de conteúdo adulto. Após três anos de estudo, em 1970, um documento - Relatório da Comissão Presidencial sobre Obscenidade e Pornografia - condensava diversas discusões sobre o assunto. Pesquisas investigaram atitudes comportamentais, possíveis efeitos e valores de grupos de indivíduos normais e anormais.[127]

> Análises de psiquiatras, psicólogos, sexólogos, educadores sociais, conselheiros e outros profissionais da área revelam que a grande maioria de tais grupos acredita

> que o material de sexo explícito não exerce efeito nocivo nem em adultos e nem nos adolescestes. Por outro lado, uma pesquisa junto a autoridades policiais mostrou que 58% acreditam que livros " obscenos" exerciam um papel significativo no desenvolvimento da delinquência juvenil.[128]

Descobriram recentemente que 86% dos estupradores tentam reproduzir com suas vítimas as cenas que viram na internet. Então, aquela cena que ele viu tanto na internet, uma hora fica sem graça. Ele já não quer ficar vendo, quer reproduzir! A pedofilia é a mesma história. A homossexualidade praticamente não existe sem o acesso à pornografia na internet, bem como o adultério e a prostituição, sendo que a grande professora da depravação sexual é a pornografia.[129] Segundo o que declarou a Dra. Mary Anne Layden, a pornografia é a causa mais preocupante para a saúde psicológica que existe na atualidade. O codiretor do programa de Trauma Sexual e Psicopatologia do Centro de Terapia Cognitiva da Universidade da Pensilvânia declarou: "a internet é um sistema perfeito de distribuição de drogas porque você é anônimo, estimulado e tem exemplos a serem seguidos para esses comportamentos".[130]

Evidências científicas mostram que, quando um indivíduo observa material ilícito, uma grande quantidade de substância química é liberada em seu cérebro e poderá causar dependência. Nesse sentido, a Dra. Laydem afirma que acessar pornografia é como ter uma droga inserida 24 horas por dia dentro de casa. Além disso, ela frisa que os viciados em pornografia têm mais dificuldades de se recuperar do vício do que alguém viciado em cocaína, visto que a cocaína pode ser retirada de seu sistema. Porém, as imagens pornográficas permanecem no cérebro para sempre.[131] Um dos maiores impactos é ocasionado no cérebro masculino, pois, os homens passam a ver as mulheres como objeto a serem usados, o prazer toma o lugar do amor e a fantasia passa a substituir a realidade. William M. Struthers, psicólogo com formação em neurociência, explica que a pornografia atua como uma combinação de múltiplas drogas. Ainda, a pornografia atua na mente como um campo magnético.[132] Struthers conclui, por meio de exame neurológico, que:

> Essas experiências com pornografia e hormônios de prazer criam novos padrões na programação do cérebro, e experiências repetidas formalizam a programação. E então, nunca acaba. "Se eu tomo a mesma dose de uma droga repetidas vezes e meu corpo começa a tolera-la, precisarei tomar uma dose mais elevada da droga a fim de que tenha o mesmo efeito que tinha com uma dose mais baixa na primeira vez"(...) por isso, a experiência de ver pornografia e pratica-la cria uma necessidade no cérebro de mais e mais, só para alcançar o mesmo nível de prazer no cérebro.[133]

A pornografia está gerando silenciosamente a cultura do estupro. Segundo levantamento do Sistema Único de Saúde (SUS), cerca de 23.630 mulheres foram vítimas de alguma violência sexual. Em 2015, a Secretaria de Política para Mulheres registrou aumento de 165,27% no número de estupros em relação ao ano anterior, cerca de 8 estupros por dia, média de um a cada 3 horas.

Ainda, o Fórum Brasileiro de Segurança Pública acredita que possam ter ocorrido entre 136 e 476 mil casos de estupro no Brasil, contando os não registrados, isso significa uma mulher estuprada a cada 11 minutos no país. Infelizmente, utiliza-se o termo "cultura do estupro". Esta está em todos os lugares, lares, praças, revistas, internet, linguagem verbal, publicidades e até mesmo nas leis. Tudo isso alimentado e estimulado pela pornografia.[134]

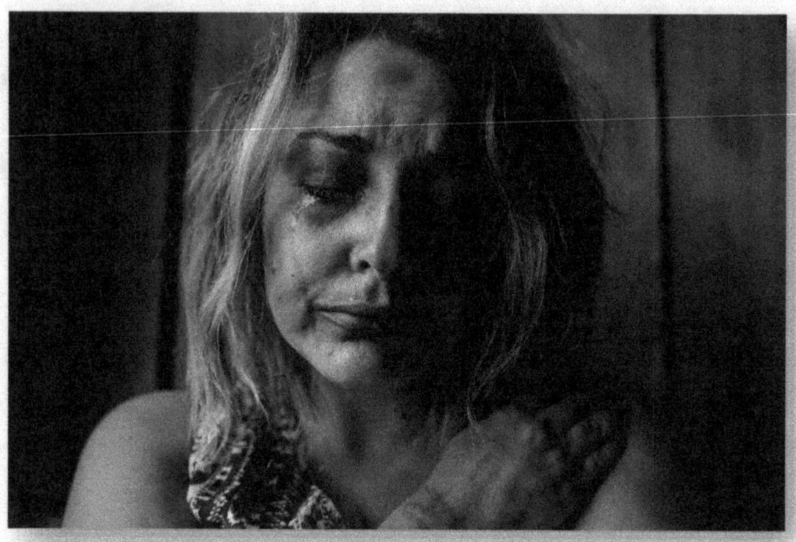

Carlos Floresta, professor de Urologia, observou uma correlação direta entre os homens que assistiam a pornografia constantemente e a disfunção erétil. Em seu estudo, ele descreve: "Começa com uma reação mais baixa aos sites pornográficos, depois uma queda geral na libido, e no final torna-se impossível conseguir uma ereção".[135] Também foi relatado, por um estudo desenvolvido pelo Dr. Gary Wilson, que a maioria desses homens, que tiveram disfunção erétil causada pelo vício pornografia e a masturbação, "poderão recuperar o impulso natural de seu desempenho sexual, no entanto percebeu que os jovens levavam, no mínimo, o dobro de tempo para se recuperar em comparação aos homens mais velhos. Enquanto um homem de 50 anos levava em média 2 ou 3 meses para se recuperar deste problema, os jovens levavam de 5 a 9 meses".[136]

3.1.2 Masturbação

Entre tantos agregados que caminham com a pornografia, existe um que é o maior parceiro na vida de todos aqueles que desfrutam das fantasias sexuais, o qual é conhecido como masturbação.[137] De fato, este é um assunto polêmico, diversos questionamentos surgem quando o tema é a masturbação. Segundo Almeida, cerca de 95% dos homens e entre 50% a 90% das mulheres se masturbam.[138] Há muitas divergências quando o assunto é a masturbação, inclusive entre escritores cristãos. Segundo o Bill Parkins, a masturbação parece ser algo amoral, podendo ser em algumas circunstâncias algo aceitável, em outras ocasiões, com certeza, é errada. O Dr. James Dobson afirma: masturbação não é um problema tão sério quanto parece ser, é algo muito normal em fases da adolescência. Ainda menciona que aqueles que se masturbam não devem ficar lutando com a culpa e a vergonha. Entretanto, muitos autores não concordam com essas posições, visto que, sempre quando alguém se masturba, é tomado por culpa, vergonha e um vazio no instante seguinte.[139]

O vício da masturbação de certa forma está ligado à pornografia. Sabe-se que é uma luta muito grande para jovens e adultos, casados ou solteiros. Mas, antes de tudo, algo precisa ficar claro: masturbar-se não é um distúrbio de personalidade nem doença mental. Esse já é um problema muito antigo na humanidade. Data-se que, em 1550 a.C., o Livro dos Mortos (egípcio) condenava tal prática, considerada pecado mortal.[140] Além de isolar as pessoas do mundo real, a pornografia vincula o vício da masturbação ao indivíduo. Com a prática, a mente automaticamente irá se isolar. Isso faz não apenas que a pessoa se isole socialmente, mas também levará os indivíduos a um isolamento do próprio Deus.[141]

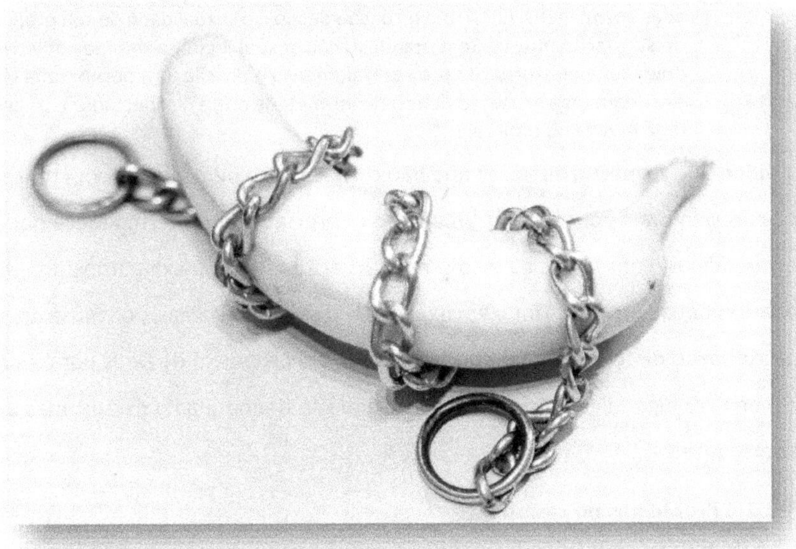

Muitos indivíduos tentam justificar seus hábitos de se masturbar com tramas ou sofrimentos psicológicos do passado. Porém, essas são justificativas falsas e o que realmente está por trás são olhos não controlados e pensamentos sem limites. “A masturbação dissoluta, ou qualquer coisa que faça seu motor funcionar, é sempre pecado, abrindo sempre uma distância muito grande entre você e Deus”.[142] Além de criar uma imagem na mente dos indivíduos, a pornografia incita-os a fantasiar sobre tais imagens, envolvendo ato erótico que somente pode ser satisfeito com alguém ou através da masturbação. Depois que essa imagem é formada na mente, torna-se um ídolo. Hábitos de se masturbar implicam adoração a esse ídolo, tornando o indivíduo refém de uma fortaleza em sua mente.[143]

Embora muitas aulas de Educação Sexual ensinem que a masturbação seja normal e necessária para a saúde, na verdade é contra Deus. Em muitas dessas aulas, os alunos recebem aconselhamento para aprenderem a lidar com os sentimentos de culpa, angústia e ansiedade[144]. Masturbação é pecado, apesar de que a Bíblia não apresente nenhum versículo falando sobre isso, subentende-se que é contra a vontade de Deus para os seres humanos, principalmente para a união conjugal entre homem e mulher, visto que essa união representa o relacionamento de Cristo e a Igreja.[145] Sabe-se que os humanos foram criados para glorificar a Deus, entre tantos motivos que impedem os mesmos de cumprir essa missão, um deles é a masturbação, poluindo a mente e levando ao isolamento.

> A gratificação sexual, é claro, não é apenas um ato físico, mas envolve a mente (...) imagens pornográficas vistas ou imaginadas, quase sempre fornecem o combustível (...) é quase impossível separar da masturbação em si essas fantasias baseadas em imagens. (...) A masturbação despoja a sexualidade de seu propósito divino de satisfação mútua. Se a manifestação sexual legítima tem por objetivo produzir unidade, a masturbação produz isolamento e divisão. (...) pornografia e masturbação criam uma sensação fictícia de intimidade entre o espectador e os anônimos de uma revista ou uma tela.[146]

O indivíduo que se masturba supõe que não comete o ato pecaminoso por crer ser indigno, ele não pratica coisas imorais por causa de uma visão depreciada de si mesmo e fica obcecado por conteúdos pornográficos, com fantasias e com masturbação por ter baixa autoestima. Ele não só desobedece a Deus por causa de uma imagem exagerada de si mesmo, mas, por causa do pecado.[147] Contudo, a masturbação de forma alguma poderá cumprir o propósito de Deus para a sua sexualidade, e não deveria ter lugar algum na vida daqueles que se denominam cristãos, mas a distorção dos fatos a faz presente.

3.1.3 Problemas no casamento

Na maioria das vezes, as pessoas começam a se envolver com a sexualidade ou a nudez não permitida muito antes do momento adequado e, quando percebem, já estão envolvidas em um mal tão profundo que não podem sair sozinhas. O resultado desse inconveniente só aparecerá quando a pessoa se casar.[148] A pornografia destrói tanto o homem quanto a mulher que estejam casados. Alguns cônjuges indicam a pornografia como a falência do relacionamento. A maioria dos casos de pornografia no casamento se dá por parte do homem. Quanto mais envolvido no vício, mais entediantes se tornarão as realidades de seu casamento, por ser uma busca individual do homem.[149] A citação abaixo descreve essa questão da seguinte forma:

> O jovem marido mais ou menos presume que a esposa praticará qualquer ato sexual que possa conhecer e que ela fará isso com a mesma satisfação desejo e habilidade das mulheres que ele viu na tela. (...). A pornografia tem o poder singular de causar prejuízo a um casamento, porque, no final das contas, foca-se no ego e não na união. Entregar-se a pornografia é uma forma de isolamento psicológico, um afastamento para um pequeno mundo de autogratificação.[150]

Tanto para o homem quanto para a mulher, a pornografia é destrutiva e atrapalha a vida conjugal. Segundo o autor Bob Davies, que relata sobre o casamento de David e Cindy, e o quanto o vício pornográfico de David causou danos no relacionamento. Para ele, a obsessão era como um vício, não havia como controlá-lo e nem mesmo o desejo para isso: quanto mais ele se envolvia, mais ele queria. Tudo começou com revistas, mas, no decorrer do tempo, já não satisfaziam os impulsos, passou a assistir filmes e, desejava algo mais próximo da realidade.[151] Assim como David, muitos homens pensam que ao se casarem vencerão o vício.

> David pensou que seu problema com a pornografia terminaria ao se casar com Cindy, mas ele estava errado. "Logo após o casamento, dei-me conta de que ainda era um problema, ainda que minhas necessidades sexuais estivessem satisfeitas. Não era devido à falta de expressão sexual. " David chegou à conclusão de que sua continua tolerância pornografia era destrutiva tendo em vista a relação mais importante de sua vida: "A pornografia estava destruindo a minha intimidade com minha esposa já que você não apenas compra a revista; você a usa para se masturbar. E quando se é casado, você sente culpado por procurar satisfação física excluindo sua esposa. Sexo deve ser a união de um homem e uma mulher que se amam, más estava deixando Cindy de fora, para encontrar meu próprio prazer".[152]

A pornografia faz com que o marido deseje outras mulheres, mesmo que tudo vá bem no relacionamento. Os maridos viciados em pornografia sentem-se indignos de estarem com suas esposas. Mas as usam como válvula de escape diante de variados problemas particulares devido ao vício. Após isso, o sentimento é de frustração. Certo tempo depois, a sua frustração torna-se ainda maior, pois o meio de escape não é o que de fato queria, ou seja, solução do problema.[153] Muitos casais sofrem quando um dos cônjuges busca na pornografia estímulo para sua relação. Quando a verdade é que a pornografia, ao invés de produzir estímulos, provoca precoce baixa de desempenho sexual. Isso acontece em decorrência ao falso padrão criado na mente do cônjuge, por não alcançar o mundo utópico que é criado por meio do padrão virtual ao qual está acostumado a viver. Consequente, muitos vivem num mundo de fantasias, tentando proporcionar para si prazer nos atos secretos de satisfação.[154]

Muitos homens solteiros têm achado que a solução para saírem da pornografia e da masturbação é o casamento, criam uma suposição lógica, mas, obviamente, equivocada, dizendo que quando se casarem poderiam ter reações sexuais legítimas e todo o vício seria deixado. Algo não levado em conta é que a pornografia é completamente diferente do sexo que honra Deus no casamento. Quando o homem compara o sexo legítimo com sexo ilegítimo que o vício promete, ele simplesmente pressupõe que sexo no casamento é um comportamento simples. Quando, na verdade, Deus deixa bem claro em sua Palavra que sexo está relacionado com as questões espirituais. É preciso haver mais que uma substituição da parte física e mecânica do sexo. Será necessário que homens, que queiram sair do vício e se casar, substituam a mentira pela verdade.[155]

No casamento, quanto mais um dos cônjuges permite que as imagens se concentrem em sua mente, mais ele se escraviza e se distancia de seu cônjuge. Em uma pesquisa realizada pela Dra. Layden, constatou-se que 40% dos viciados em pornografia vão perder seus cônjuges, outros 58% sofrerão grandes prejuízos financeiros, ainda de 27% a 40% perderão seus empregos.[156] Segundo dados da Sociedade Americana de Advogados Matrimoniais, 56% dos 350 casos atendidos no ano de 2003, tinham relação com o interesse obsessivo de um dos cônjuges por sites de sexo explícito.[157]

Os impactos causados pela pornografia no casamento são catastróficos, primeiro porque encoraja o egoísmo. O prazer está focado em si mesmo, de modo que a intimidade sexual do casal fica comprometida porque o apego de um dos parceiros à pornografia remove a intimidade emocional. Também o casal, sem que eles percebam, passa a entender o sexo como comercial, seus parceiros tornam-se meras mercadorias e objetos de satisfação pessoal, ou seja, o corpo do outro deve ser explorado e usado segundo seu interesse pessoal. Além disso, diminui a satisfação sexual, visto que não conseguem reproduzir o que assistem. Consoante a isso, gera insatisfação sexual, esgotamento das respostas sexuais, o corpo não reconhece os estímulos sexuais como impulsos reais, ocasiona castração visual, o corpo do cônjuge nunca é o bastante. Segundo Steven Stack, da Wayne State University, o uso de pornografia aumentou a taxa de infidelidade conjugal em mais de 300%.[158]

3.1.4 Danos provocados à mulher

Em um estudo intitulado: "Os custos sociais da pornografia", realizado por Mary Eberstalt, e a diretora Mary Annne Layden do programa de traumas sexuais, afirmam em suas pesquisas que a pornografia que se difunde pelas redes sociais pode causar danos particulares especificamente às mulheres, independentemente se elas sejam consumidoras ou esposas de consumidores, dentre muitas questões, porque distorce as perspectivas culturais a respeito do comportamento sexual feminino.[159] Mulheres que são usuárias de pornografia ou estão expostas mediante o consumo de seus maridos ou parceiros, terão sérias dificuldades de sustentar suas relações matrimonias nas seguintes questões:

> (...) respeito, na honestidade e no afeto, porque a pornografia altera o modelo do que a mulher deve oferecer sexualmente, daí as relações começam a centrar-se sobre o atrevimento, a falta de respeito, a promiscuidade e frequentemente à violência e ao abuso. A isso há de adicionar os sentimentos feridos que se produzem na mulher que descobre que seu marido ou noivo consome pornografia: traição, perda, desconfiança, devastação, rancor. Isso tudo leva lava frequentemente a separação e ao divórcio. [160]

Além disso, há de se somar um grande perigo de contágio de doenças sexualmente transmissíveis, posto que os homens (maridos ou noivos), além de consumidores, passam a frequentar ambientes de prostituição e têm contatos com prostitutas, passando a transmissores de alguma doença para suas parceiras.[161] "Atualmente existem produtoras se especializando em conteúdo pornográfico voltado para o público feminino. Onde existe mais diálogo, mais "envolvimento emocional" por parte dos participantes, menos cenas de violência e atores com corpos mais próximos da realidade"[162] O Brasil está no topo dos países onde há maior percentual de mulheres consumindo pornografia, segundo dados da BBC. A pesquisa afirma que o Brasil e as Filipinas ocupam os primeiros lugares em uma lista de consumo de pornografia pelo público feminino. A pesquisa revela que:

> Nos dois países, 35% do consumo de pornografia é realizado por mulheres e 65% pelos homens segundo o Pornhub e o Redtube. A pesquisa afirma ainda que as categorias mais procuradas por mulheres que consomem pornografia na internet são "lésbicas", "trios" e "squirt" (ejaculação feminina). Elas também se interessam em ver sexo entre homens gays. (...) "as mulheres estão buscando mais prazer feminino e reivindicando que o homem não é o único que tem direito de desfrutar do sexo e que elas também querem sua parte do sexo recreativo, que esteve proibido para elas por tanto tempo".[163]

No entanto, Gert Holstege, realizou uma pesquisa, pela Universidade de Groninge, liderada por Gert Holstege, publicada no "Journal of Sexual Medicine" afirma que voluntariamente 12 mulheres entre 18 a 47 anos, na fase fértil da vida, foram submetidas a um monitoramento por meio de um aparelho de tomografia que media a atividade cerebral quando elas assistiram a três tipos de filmes: neutros, eróticos de baixa intensidade e eróticos de alta intensidade.[164] A pesquisa revelou alguns fatos preocupantes relacionados ao funcionamento de parte do cérebro, a saber:

> (...) mostrou que a pornografia pode "desligar" uma parte do cérebro. O córtex visual primário, ligado à atenção, que normalmente é ativado quando se assiste a um filme, não é influenciado pelos programas adultos "mais intensos". Em comparação com os neutros, os filmes eróticos de alta intensidade causaram "forte desativação" do córtex visual primário[165]. A atenção ficou voltada para as regiões responsáveis pelo estímulo sexual, e isso não afetou a forma como o filme é visto, já que as cenas eram de impacto claro e não exigiram muita atenção.[166]

A centralidade do material pornográfico gira em torno do corpo feminino. As principais estrelas das peças pornográficas normalmente são as mulheres, exceto para o público Gay, cujas estrelas são os homens. A proposta dos produtores de filmes é a de valorizar a feminilidade e de dar "empoderamento", mas somente tem a finalidade de atrair aqueles que são os maiores consumidores de pornografia no mundo, os homens. "Esta exposição e centralização feminina tem sérias consequências para as mulheres. O consumo excessivo por parte dos homens muda completamente a sua forma de ver e viver o sexo".[167]

Sendo usuária ou não, a mulher sempre sofrerá maiores danos, geralmente os homens que veem vídeos pornográficos passam associar pornografia às imagens do cotidiano. Eles passam a potencializar qualquer mulher como sendo aberta ao assédio sexual de sua parte. Eles acreditam que elas responderão de forma positiva a qualquer iniciativa de cunho sexual, igualando-as àquelas que eles viram no conteúdo pornográfico. Observa-se ainda que, para os homens, a mulher de maior potencial é classificada pelo tamanho do seu glúteo, seios e cintura. A busca pela liberdade sexual feminina está transformando as mulheres naquilo que elas mais odeiam nos homens: infantis e irresponsáveis. Entretanto, cansadas de serem usadas e abusadas, vistas como objeto do prazer masculino, muitas estão tentando buscar essa igualdade, mas de alguma forma não está surtindo o efeito desejado. Tal fato tem causado mais violência e desvalorização da mulher e mantido os homens presos ao comportamento infantil e irresponsável que elas tanto repudiam.[168] The Telegraph, jornal britânico, divulgou que a pornografia tem mudado a forma como os adolescentes compreendem o sexo, entre a principal preocupação, está o destaque do aumento das relações anais - "sexo anal" -, dizendo que este é um padrão adotado pela maioria dos adolescentes. Porém, esse comportamento tem causado sérios problemas emocionais e distúrbios psicológicos para as mulheres.[169]

3.2 O caminho que leva a sair do vício

Muitos já se encontram em um beco sem saída, sentem-se sozinhos e derrotados, na maioria das vezes cansados e perturbados, não sabem o que fazer para largar o vício. Sem saber o que fazer, e pela vergonha de contar a alguém, afundam-se na depravação total. Há cristãos que estão envolvidos nisso e já tentaram uma série de alternativas, que vão de dias de jejum, oração até pactos de renúncia, achando que encontrariam soluções imediatas. Na realidade, essas opções são válidas, no entanto, quando não funcionam, trazem ainda mais culpa, vergonha e um peso extra.[170]

3.2.1 Entender a raiz do problema!

De certa maneira, a oração e o jejum têm poder, sim. Porém, Deus ensina aos seres humanos que não adianta combater a causa sem antes entender onde está a raiz do problema, e, assim, poderão mudar o comportamento, a fim de derrotá-lo. Sabe-se que toda tentação é um tipo de isca, que se apresenta diante das pessoas, com o objetivo de capturar alguns. Contudo, nem toda tentação é semelhante, muitas surgem dentro do indivíduo, outras são externas. Caso a origem da tentação não seja descoberta, será fácil omitir a contribuição que o indivíduo dá ao ciclo de tentação.[171] O texto de Tiago 1.13-15 menciona claramente que cada pessoa é tentada segundo o seu próprio mau desejo e, uma vez que essa tentação é assumida, dá à luz ao pecado. Esse é o tipo de tentação brota do coração e da imaginação. Diferente de uma tentação que se apresenta a alguém, como no caso de José e da esposa de Potifar. Quando se analisa o texto de Tiago, percebe-se claramente que o desejo por qualquer coisa que a Bíblia proíba é um desejo mau, oriundo do coração. Esse desejo pode muito bem ser identificado, basta as pessoas se perguntarem: "quais pessoas a minha volta não podem ficar sabendo? Pessoas são atraídas por causa daquilo que que guardam em seu coração, por isso, quando alguém fugir de uma tentação ou de um vício, tal pessoa precisa repreender seu coração.[172] Será necessário que aqueles que queiram sair do vício identifiquem alguns dos itens seguintes:

> Existem muitas razões, para cada pessoa existe uma história diferente. Contudo, podemos apontar algumas razões costumeiras. Para começar, uma pessoa pode ter o primeiro contato com a pornografia por meio de maus exemplos. Uma criança pode, desde muito cedo, ser ensinada, a partir de maus exemplos, a consumir algum tipo de pornografia. E então, crescer e se tornar adulta, já com sua sexualidade condicionada e adoecida. Uma situação em sentido contrário também pode acontecer: Uma criança que recebeu uma educação religiosa muito rigorosa, que cresceu sendo ensinada que sexo é pecado, e que, portanto, teve sua sexualidade reprimida, certamente vai desenvolver uma curiosidade exacerbada por sexo. É uma verdade conhecida que a repressão sexual cria neurose, que se manifesta nesses casos, quase sempre, como compulsão sexual. Quanto mais diz a uma criança que sexo é pecado, mais vai criar a compulsão pelo sexo, pelo que é proibido.[173]

Será necessário fazer uma análise de seus padrões de comportamento, observar quando e como o indivíduo se sente mais tentado a ver algum conteúdo impróprio, se existem dias, horários ou épocas específicas. Também é importante conhecer alguns dos "gatilhos" que venham a desencadear a tentação sexual, quais são suas raízes emocionais. Faça perguntas a si mesmo sobre eles, como, por exemplo: "o que de fato estou sentindo nesse momento"? "Estou só entediado"? "Sentindo alguma ansiedade"? "Depressão, frustrado ou com raiva"? "O que de fato está por trás do que realmente estou sentindo agora"? "O que faz com que eu sinta esse desejo de ver pornografia"?[174] Caso a pessoa não descobrir um padrão de comportamento que esteja gerando, dificilmente ela conseguirá vencer os gatilhos emocionais que roubam e tentam satisfazer a forma legítima que Deus preparou para a sexualidade. Ainda, a solidão e o isolamento são dois gatilhos emocionais que tendem a levar muitos ao caminho da pornografia.[175]

3.2.2 Confissão de pecado

Será necessário admitir a fraqueza não apenas para as pessoas, mas olhar para um espelho e dizer para si mesmo que é um viciado ou uma viciada. O indivíduo deve dizer em voz alta que reconhece ser um viciado em pornografia. Em seguida, será necessário confessar a Deus as suas mazelas e pedir perdão. É válido ter em mente que está diante do trono da graça e não diante de um tribunal de condenação.[176] Isso fica claro quando analisamos Hebreus 4.16: "Portanto, aproximemo-nos do trona da graça com confiança, a fim de recebermos misericórdia e encontramos graça para ajuda em momentos oportunos".[177]

Provavelmente, o indivíduo sente-se mais culpado do que se possa imaginar, tratando-se de culpa, é um assunto muito popular na atualidade, principalmente diante de Deus. Geralmente, quando não se dá tanta atenção, ela não é identificada. A culpa pode estar disfarçada na vida de muitas pessoas, causando ansiedade, depressão, vergonha e atitude defensiva.[178] Algo que deve ser evidenciado a partir do momento em que o indivíduo reconhecer sua vida de miséria, é saber que Deus está esperando, prontamente para perdoá-lo. Certamente irá pensar que não merece o perdão de Deus, e de fato não merece, mas o perdão é concedido unicamente porque Ele assim decide, em sua infinita bondade. Contudo, é preciso ter a atitude de pedir o perdão e confessar o pecado, conforme 1 João 1.9 diz: "se confessarmos os nossos pecados, ele é fiel e justo para perdoar os nossos pecados e nos purificar de toda injustiça".[179] Não importa o que os seres humanos façam, Deus jamais deixará de ser fiel e justo. Com certeza, ele perdoará o pecado e, ainda, começará um processo de purificação na vida da pessoa.[180]

Simplesmente é uma ordem de Deus que sejam confessados os pecados, para que aqueles que receberem o perdão sejam também revestidos de justiça, que leva ao ser humano a ter fé em Deus. Esse confessar de pecado, implica em pronunciar o pecado praticado, pelos próprios lábios, não adianta ser somente em pensamento, confessar com os lábios faz parte do processo de purificação. Todavia, a confissão deve ser acompanhada de profundo arrependimento. Talvez, alguém esteja se perguntando: "como ficam aqueles que não são cristãos diante desse processo de pedir perdão e se arrepender de seus vícios"? A Bíblia é muito clara e mostra também que Deus notifica a todos os seres humanos a se arrependerem: "No passado, Deus não levou em conta essa ignorância, mas agora ordena que todos, em todos os lugares, se arrependam" (At 17.30).[181] Não é apenas uma sugestão, é uma ordem a todos.[182]

O pecado sexual tem intoxicado a vida de muitas pessoas. Muitas vezes o desejo sexual tem se tornado um fardo, mas com certeza há solução, jamais desconsidere que ainda poderá ser tentado e, assim, ignorar não vai adiantar muito. Ao contrário disso, é preciso, em vez de desconsiderar a tentação, envolver-se na tarefa diária de matar esse pecado. Até aonde se sabe, não foi inventado um método para vencer o pecado de uma vez por todas. Pode ser que você cairá outras vezes durante o processo, mas jamais deve desistir. Algo que nunca mais deverá ser feito é acobertar o pecado. A qualquer hora ele será descoberto, pois a morte que estará sendo escondida cheirará mal: "A Sepultura e a Destruição estão abertas diante do Senhor; quanto mais os corações dos homens! " (Pv 15.11).[183] Não subestime o pecado, é preciso matá-lo, esvaziar-se dele e substituir as mentiras desse vício pela verdade de Jesus.[184]

Outra medida para enfrentar o pecado e o vício, é imaginar constantemente que vive perante Deus e que sua vida é pública, como diz o salmista: "Para onde poderia eu escapar do teu Espírito, para onde poderei fugir da tua presença? Se eu subir aos céus, lá estas; se eu fizer aminha cama na sepultura também lá estas" (Sl 139.7-8).[185] Finalizando este Salmo o salmista diz: "Sonda me, ó Deus...".[186] É preciso ter coragem de pedir a Deus para sondar todos os dias o coração. Como também será preciso ter bastante força de vontade para pedir ajuda a outra pessoa.[187]

3.2.3 Prestação de contas

Diversas pessoas sofrem por não procurarem ajuda, talvez pela vergonha ou por um pré-julgamento que ela mesmo cria na mente. Porém, é fundamental ter uma pessoa para prestar conta, um amigo ou uma amiga. Alguém do mesmo sexo, mais experiente, não apenas para compartilhar as derrotas, como também as vitórias já obtidas. Contudo, é preciso prestar contas a alguém de confiança, pois, como acontece com tantos outros vícios, há forte tendência à reincidência. Só após a morte muitos ficaram livres da tentação. Além disso, uma verdade ainda mais significativa é, cair é sozinho, mas, para se levantar, será necessário o auxílio de outros.[188]

Algo que um viciado em pornografia ou em qualquer outro vício precisa ter em sua vida, é um bom conselheiro. Alguém que possa ser preparado e capaz de fazer uma sondagem hermenêutica no coração e na mente do indivíduo. Esta abordagem deve ser realizada da seguinte forma:

> Ela é a orientação bíblica utilizada para identificar e interpretar o que há dentro do aconselhando à medida que isso interage com as inúmeras situações de problemas da vida. Nesse sentido, ela define parâmetros que ajudam o conselheiro a fazer

> avaliações e chegar a conclusões com relação ao aconselhado. O que ele está pensando? Como ele racionaliza a sua cosmovisão? Quais são as reais motivações dele? O que ele mais ama e o que mais detesta? A quem ele adora? (...) uma hermenêutica sadia do coração deve fundamentar a compreensão que o conselheiro tem dos pensamentos e motivações do aconselhando. [189]

Segundo o autor, essa terapia hermenêutica funciona muito bem, porém trabalhar com as emoções das pessoas é muito diferente de qualquer coisa que se possa imaginar. O coração do ser humano é perspicaz, calculista e muda diariamente. Cabe ao conselheiro, no momento da prestação de contas, diagnosticar por meio das respostas obtidas e entender o que faz com que os desejos girem em torno da pornografia, masturbação, adultério, etc.[190] Encontrar alguém confiável para prestar conta é uma ótima opção na luta contra o pecado, de preferência alguém que seja espiritualmente experiente na caminhada com Cristo. Nesse ponto da caminha, embora seja muito difícil, será necessário contar tudo sobre as lutas, pontos fracos e seus momentos de vulnerabilidade. Além disso, algo de muito valor espiritual pode ser acrescentado à prestação de contas, a saber: determinar momentos específicos para orarem juntos, isso fortalecerá o compromisso diante de Deus.[191]

Nesse desafio de vencer os vícios sexuais, além da prestação de contas a um amigo, ou um conselheiro, um recurso muito importante e necessariamente indispensável é o pastor de sua igreja. Considere toda a sabedoria e discernimento que foi dado ao pastor para liderar a igreja e o quanto ele contribuirá com seus conselhos e direcionamentos da parte de Deus. Embora Deus possa eliminar os desejos de ver pornografia da vida de uma pessoa, mesmo assim o ideal seria ela buscar o auxílio de um pastor de sua igreja local.[192]

O ciclo do vício pornográfico tem como resultado a vergonha e a culpa, já citados anteriormente. Quando as pessoas se sentem tristes e com a baixa autoestima, são fortemente atraídas pelo alívio temporário que o vício oferece. Não é fácil para ser humano que luta contra os vícios sexuais confessar o problema a outra pessoa, ainda mais quando se trata de uma pessoa do mesmo sexo. Não há problema algum em tornar público o vício e muito menos em pedir ajuda confessando o pecado a outra pessoa. A Bíblia deixa bem claro, no livro de Tiago, o benefício da confissão: "Portanto, confessem os seus pecados uns aos outros e orem uns pelos outros para serem curados. Muito pode, por sua eficácia, a súplica do justo" (Tg 5.16).[193] Fica claro o quanto é importante a prestação de contas, de alguma maneira é ministrada cura sobre o indivíduo. Outro texto muito importante é o de 1 João 1. 7: "Se, porém, andarmos na luz, como ele está na luz, temos comunhão uns com os outros, e o sangue de Jesus, seu Filho, nos purifica de todo pecado". Esse versículo frisa muito bem o valor do apoio mútuo entre os cristãos.[194]

3.2.4 Purificação da mente

É importante mudar a rotina e desenvolver outras atividades que tragam alegria e prazer. Faça algo como praticar esportes, leituras, conheça pessoas novas e outros lugares. Entretanto, a leitura da Bíblia é fundamental para conhecer a Deus e obedecê-lo. Um passo muito importante será ocupar o lugar na sua mente que era ocupado pelo vício. As pessoas que sofrem com esse vício devem ocupar suas mentes com outras alternativas, não basta apenas deixar e, sim, substituir por coisas novas. Porém como fazer? Uma alternativa seria:

> Muitos jovens que consomem pornografia fazem disso um ritual. Quer dizer, separam um momento e um lugar estratégico dedicado a essa prática. Fazem isso antes de dormir ou quando toda família está dormindo, ou antes do banho, ou diante de seu computador, ou alugando filmes, etc. Você precisa reconhecer quais são esses momentos e lugares. Em que situações você está mais fraco e suscetível? Fique atento, identifique esses momentos e se afaste deles.[195]

Andrueejol, autor da citação acima, ressalta que será muito útil e extremamente necessário fazer uma lista de lugares ou situações em que se sinta mais vulnerável a cair novamente no vício pornográfico. Cuidado, não se deixe enganar, seja o mais específico possível. A partir do momento em que a pessoa descobre, ou melhor, ela já sabe, só que fica mentindo para ela mesma, deve assumir um compromisso de evitar situações que a tornem vulnerável. A pessoa precisar ter em mente que nunca será forte o suficiente para não retornar ao erro.[196] Conforme afirma o texto de 1Coríntios 10.12: "Aquele, pois, que pensa estar de pé, cuida para que não caia! ".[197] Um passo importante no processo de purificação da mente será:

> Destruir todo material pornográfico também é uma excelente opção, já não fará sentido a aqueles que querem sair, guardar algum material. Limitar o acesso à internet, usar um aplicativo que bloqueie esses sites, acessar celular, notebooks ou computadores em lugares à vista de outras pessoas, estes são bons meios de começar a sair do vício.[198]
>
> Os limites nos ajudam a demarcar nossa propriedade para cuidar dela. Eles nos ajudam a 'olhar o nosso coração com inteligência' [...] os limites nos ajudam a manter o bem do lado de dentro e o mal do lado de fora. Eles protegem os nossos tesouros (Mateus 7.6) para que ninguém os roube. Eles mantem as pérolas dentro e os porcos fora.[199]

Ainda quanto ao acesso à internet, para aqueles que repentinamente se veem acessando conteúdos, baixando imagens, visitando chats pornográficos, uma maneira radical será cortar o acesso à internet, mesmo que seja somente por alguns meses, conforme citado anteriormente, até que o ciclo do vício seja cessado. Mudar para um provedor de internet que forneça filtros contra conteúdos ilícitos, ou pode pessoalmente instalar filtros em seus aparelhos de comunicação.[200] No entanto, com o comportamento é uma coisa, mas o que fazer para se livrar das lembranças e das imagens que foram impregnadas na mente durante anos? No processo de purificação da mente, algo se evidenciará: será o aumento das tentações. O autor Davies registra uma história verídica de um homem chamado Neil e de sua luta para se libertar dos pensamentos e imagens impuras de sua mente:

> Neil decidiu ativamente incentivar pensamentos santos e, por conseguinte, expulsar os pensamentos impuros. Através de atividades como leitura de bons livros, vídeos cristãos, e música que "levantasse o astral", podemos começar a desenvolver um novo tipo de mentalidade que ajuda a reforçar os padrões de pensamentos santos. A leitura da Bíblia e a memorização são especialmente poderosas.[201]

A partir do momento em que o indivíduo constrói perímetros de defesa exteriores, deverá também vencer o perímetro dos olhos, pois eles aumentam de forma rápida. Isso se dá porque a mente é muito astuta e difícil de encurralar, é mais difícil controlar a mente de forma efetiva se o campo visual não estiver controlado. Quando a pessoa conseguir subjugar os olhos, ela também conseguirá controlar a mente. Mesmo assim, a mente continuará a criar suas próprias imagens de luxúria, apoderando-se de imagens armazenadas. O cérebro tende a se movimentar rapidamente na busca por prazer. Com o processo de consumir pornografia por anos, ele subtende que o mundo dele é o que inclui formas criativas de pensamentos sexuais. Sendo assim, ele se sente livre para correr com a ajuda dos olhos atrás de prazer.[202]

À medida que aqueles que iniciarem o processo de purificar a sua mente forem avançando, mesmo que de forma lenta, o cérebro acompanhará, visto que o cérebro humano é metódico. Sendo assim, de acordo com que for entrando em sua mente, por meio de um novo ângulo de visão do "mundo", suas formatações começarão a acompanhar o novo modelo de raciocínio, transformando pensamentos e permitindo aqueles que são admissíveis. Consequentemente, com os olhos se desviando de imagens sexuais ou qualquer conteúdo ilícito que seja, suas defesas se fortalecerão de forma incrível.[203] Acima de tudo, é preciso pensar segundo as Verdades Bíblicas. O ser humano por si só é limitado, porém Deus pode transformar a mente de qualquer pessoa, quebrar qualquer barreira cultural que o indivíduo permitiu que fosse criado dentro de si ao longo da vida. Isso se dará por meio de Cristo, ou seja, pensar como ele pensa, sendo ele a única verdade capaz de transformar a mente de qualquer pessoa.[204]

3.2.5 A Satisfação em Cristo

Se a real fonte de satisfação está em Deus, acessada através de Cristo Jesus, por que a questão sexual é tão forte na vida do ser humano? A resposta mais básica seria simplesmente porque proporciona prazer e satisfação. Isso muito se relaciona com o que todos os seres humanos procuram, logo: a felicidade e a satisfação plena. Porém, é válido lembrar que o sexo não é a única fonte que dá prazer, alegria e felicidade.[205] Contudo, embora os seres humanos conhecendo a verdade, chegaram a um ponto de não verem mais o valor sobre essa verdade em suas mentes. Pelo contrário, moldaram para si deuses que não interferiam em seus padrões pecaminosos.[206]

Contudo, a sexualidade está altamente envolvida com a essência dos seres humanos. Está, por sua vez, exerce um grande poder sobre o mesmo, sendo a maior razão de esta área da vida do indivíduo, muito mais do qualquer outra, o levar a estar mais propenso ao engano da satisfação. Além disso, após a "queda", todos os seres humanos são tentados a reinterpretar os conceitos relacionados a moralidade, e mesmo sobre o Criador, a luz das suas próprias cobiças. Estando a área sexual ligada intimamente com a área emotiva, muitos são até mesmos capazes de ser exporem as tentações, com uma falsa esperança de serem tentados. Tais desejos exigem do indivíduo uma satisfação imediata, os impedindo de pensar nas consequências, além disso, faz com que a voz do bom senso seja rejeitada, importando apenas o momento vivido.[207] O ser humano em situações específicas pensa da seguinte maneira:

> Esta vida que estou vivendo não está funcionando. Deus não me está tratando como mereço. A vida, simplesmente, não faz com que eu me sinta bem ou me controle. Confiar em Deus não está produzindo resultado que desejo. Portanto, eu O colocarei de lado. Preciso escolher esquecer Deus, por algum tempo, e substituí-Lo por algo mais agradável.[208]

Algo que jamais pode ser negado é que o ser humano está em busca de ser feliz, isso não é algo mau. Muito pelo contrário, é algo que deve ser intensificado e alimentado com objetivo de promover a satisfação mais profunda e contínua. O anseio em ser feliz é algo bom, inclusive experiência universal, porém, a busca por felicidade e satisfação só se torna completa e durável quando for buscada na fonte correta. Esta por sua vez só pode ser encontrada em Deus.[209] Segundo o autor John Piper, há muitas maneiras de se contentar sem precisar se envolver com a idolatria dos prazeres. O referido autor indica que assim como os salmos expressão a grandeza de Deus e exaltam o seu nome, cada indivíduo poderá fazer o mesmo. Em alguns dos Salmos, percebe-se o salmista se deliciando no Senhor:

> Tu me diriges com teu conselho e depois me receberás com honra. A Quem tenho eu no céu se não a ti? E, na terra, nada mais desejo além de estar junto a Ti. O meu corpo e o meu coração poderão fraquejar, mas Deus e a força do meu coração e a herança para sempre (Sl 73.24-26).[210]
>
> Uma coisa eu peço ao senhor e a procuro: que eu possa viver na casa do senhor todos os dias da minha vida, para contemplar a bondade do Senhor e buscar sua orientação no seu templo. (...) Ensina-me o teu caminho, Senhor; conduze-me por uma vereda segura por causa dos meus inimigos (Sl 27.4 e 11).[211]

Embora o ser humano saiba que em Deus é que está a maior fonte de satisfação e alegria que se possa imaginar, tem algo que não permite que ele perceba isso, a idolatria. Diversas pessoas passam a vida tentando transformar os seus sonhos em realidade, uma espécie de busca pela felicidade. Todo vício é o resultado direto de uma busca prazerosa por recompensa individualista. Tragicamente, a pornografia tem alcançado e levado muitos filhos de Deus para o abismo sem fim. Algo que aqueles que se dizem cristãos deveriam entender é que a alegria e o prazer estão relacionados à graça e à beleza da salvação. Contudo, a cultura contemporânea, por não ter uma identidade formada a respeito da verdade absoluta de Deus, projeta suas atitudes à procura de algo que forneça alegria. Sabe-se, porém, que não há possibilidade de conseguir alegria plena longe de seu principal doador. O gozo em Deus é, e sempre será, essencial para alcançar uma vida de virtudes.[212]

Deleitar-se em realizar a vontade de Deus está relacionado, principalmente com renunciar aos enganos. Estes, oferecidos fora da comunhão com Ele. Embora aquilo que é oferecido fora do centro da vontade de Deus seja até mais prazeroso do que aquilo que Cristo oferece, é preciso descrer das imaginações que parecem ser mais doces do que o próprio amor de Deus. Lembre-se constantemente de Jesus quando tentado por Satanás no deserto. Satanás lhe ofereceu: "...todos os reinos e o seu esplendor. E disse lhe: "Tudo isso te darei se se te prostrares e me adorares"(Mt 4.8-9).[213] Mas Jesus disse: "Vai-te, Satanás! Pois está escrito: Ao Senhor teu Deus adorarás, e só a ele servirás" (Mt 4.10).[214] Percebe-se claramente que Jesus recusou-se a ser um idólatra. Jesus demonstrou com essa atitude que o verdadeiro prazer, a completa alegria, somente pode ser encontrada na comunhão com o Pai.[215]

CONCLUSÃO

Conclui-se que os problemas relacionados com o vício pornográfico têm se tornado recorrentes na sociedade contemporânea. Gradativamente, os indivíduos buscam viver experiências fornecidas pelo novo modelo de comportamento que são oferecidos pelo presente século, a saber: a busca do prazer pelo prazer. A procura por novas experiências tornou-se uma armadilha, tendo por consequência uma sutil forma de escravização. Vários fatores contribuíram para que isso fosse possível. Muitas foram e continuaram sendo as causas pertinentes. O vasto alcance fornecido pela mídia, a banalização do sexo, fortes influências recebidas mediantes exposições filosóficas, atribuíram questões sobre a sexualidade a um viés destinto de sentimentos de afeto, amor e respeito, apenas no prazer animal de ser.

As estatísticas e informações que foram apresentadas descrevem claramente o quanto o ser humano esta suscetível a influências. Tratando-se do contexto atual, o impacto foi ainda maior, de certa forma foi implantada lentamente na sociedade uma espécie de legitimação do *eros*. Relacionamentos deixaram de ser pessoais, passando de reais para virtuais, não havendo mais separação entre ricos e pobres, brancos e pretos, patrões e funcionários, tudo simplesmente é controlado pelo mundo das conexões, no qual é muito mais fácil que as pessoas troquem a vida real por momentos irracionais. Infelizmente diante, deste cenário, tanto o cristão quanto o não cristão, estão propensos ao envolvimento com a pornografia.

Constatou-se que a pornografia é pouco discutida nos círculos cristãos, correndo o risco de virar um assunto que muitos líderes religiosos tenham dificuldades de abordar, podendo tornar-se irrelevante nas igrejas. No entanto, a pesquisa visou apresentar sua relevância, visto que a pornografia se apresenta de forma inerentemente zombadora, violenta e gradativa. Além disso, zomba claramente do propósito de Deus para a vida sexual, seus banquetes de prazeres são diretamente opostos ao plano de Deus em relação ao sexo, masculinidade e feminilidade. Infelizmente, a porcentagem de homens e mulheres envolvidos com os vícios pornográficos é muito preocupante nas igrejas. Ainda, este estudo apontou também que há um elevado número de pastores e líderes que estão envolvidos no mundo sórdido da pornografia.

Embora Deus tenha criado o ser humano à sua imagem e semelhança, colocou dentro de cada um os desejos e impulsos sexuais e isso é bom. Inicialmente, o plano de Deus para a sexualidade poderia ser descrito em três aspectos: a procriação, o prazer dentro do casamento e os sentimentos de amor. O sexo entre o homem e a mulher é um presente de Deus, algo designado para a plenitude do casal. Contudo, Satanás tenta de diversas maneiras imitar o projeto de Deus, com isso tem levado muitos indivíduos a buscarem prazer de maneira individualista e imatura. O ato sexual deveria ser um evento no qual duas pessoas de sexo diferentes se entregam um ao outro, na presença de Cristo, com um mais alto grau de mutualidade, tornando-se uma só carne. Contudo, o modelo de sexualidade que é apresentado diante da sociedade, é aquele que por vezes induz qualquer indivíduo a produzir em seu corpo, ou por meio dele, a marca do prazer sem consentimento.

O ser humano foi chamado a ter uma vida que agrade ao seu Criador, ter uma vida para o louvor da glória de Deus. Entretanto, foi discorrido nesta pesquisa o quanto as pessoas estão propensas a abandonarem o seu Deus e se voltar àquilo que lhes ofereça uma recompensa prazerosa maior e mais rápida. Quando esse abandono ocorre, toda a adoração que pertencia a Deus passa a ser voltada para o objeto que está sendo manipulado. Tratando-se de pornografia, esta passa a receber a atenção que deveria ser prestada ao Criador. Com o passar do tempo, a atitude de se prostrar diante da pornografia torna-se um ato proposital com fins de obter satisfação.

Embora todos os seres humanos tenham sido criados com desejos sexuais, não significa que podem usá-los da forma como bem desejam. Mediante isso, o tema proposto levantou questões importantes em relação ao comportamento do cristão e sua forma de lidar com a pornografia, mas nem todas as questões foram sanadas. Entretanto, constatou-se que há diversos fatores por de trás do vício pornográfico. Estes contribuem para que um cristão se torne um viciado. Geralmente, quando uma pessoa erra pela primeira vez, simplesmente acha que foi algo normal, tendo em vista que todos podem errar, porém, quando o assunto é a pornografia, jamais será normal, visto que foram apresentadas informações, comparando seus efeitos como sendo mais destrutivos que o vício do *crack* e outras drogas.

Diante disso, a pesquisa revelou que de pornografia entre os principais fatores que contribuem para que as pessoas se tornem dependentes, destacam-se a carnalidade e a falta de santidade. A primeira e o resultado do envolvimento do indivíduo com os deleites pecaminosos citados pela Bíblia, o deixando vulnerável a todo tipo de impureza. A segunda e a consequência, uma vez que o ser humano deixa-se levar pela carnalidade, automaticamente começa a se afastar do processo de santidade. Em 1Tessalonicenses 4.3-8 fica claro que Deus deseja que o seu povo viva uma vida de santificação para que possa fugir das imoralidades sexuais.

Outro ponto levantado foi a influência demoníaca. Com certeza, o diabo tem lançado seus dardos inflamados sobre toda a humanidade, principalmente sobre os cristãos. Quando consegue acertar seu alvo, tende a levar a pessoa à sujeição extrema, mantendo o corpo e a mente em processo de escravidão pelos agentes espirituais. Há também o que é classificado pela medicina como doença, conhecida como compulsão sexual ou, ainda (TOQ) uma mistura de desordem sexual atribuída à ansiedade, resultando em comportamento sexual compulsivo. No entanto, psicólogos cristãos não são favoráveis a essa linha de pensamento científico, pois levam em consideração o que Bíblia diz sobre a escravidão do pecado.

De forma semelhante, diversos fatores foram apresentados para que aqueles que sofrem com a escravidão do vício pornográfico possam buscar uma saída. Foram levados em consideração os males causados ao indivíduo, as pessoas a sua volta, como também a sociedade em geral. Entretanto, destacou-se que por mais que as pessoas busquem manter uma vida de confissão de pecados, prestação de contas e de purificação da mente, jamais conseguirão voltar a sua satisfação que Cristo oferece. Nesse sentido, observa-se, ainda, que o ser humano vive em busca de encontrar deleite para sua vida. Porém, seguir a Cristo implica uma vida de renúncia às próprias vontades e desejos.

Mesmo sabendo que em Deus está a principal fonte de prazer, alegria e satisfação, há algo que não permite que ele perceba isso: a idolatria. Infelizmente, a cultura contemporânea de maneira ainda mais explícita, devido ao avanço da conectividade, e por não ter sua identidade formada na Verdade absoluta de Deus, prostra-se diante de algo que ofereça prazer imediato. Mediante isso, pode-se afirmar que o principal fator que está por trás do vício pornográfico é a idolatria, visto que todo aquele que tem acesso a algum tipo de material pornográfico nunca o faz abertamente, mas em secreto. Ninguém pode saber. Por isso, é manipulado pelo seu ídolo.

Portanto, por mais que os cristãos envolvidos com a pornografia venham a orar e a recitar passagens bíblicas que relatem a mensagem transformadora do Evangelho e tentem fazer as coisas darem certas, se não houver uma mudança de disposição em relação às paixões do coração, jamais ocorrerá uma mudança duradoura. Levando sempre em conta que a natureza da idolatria sempre será a busca de algo, além de Deus, simplesmente para satisfazer os desejos pessoais.

REFERÊNCIAS

ALMEIDA, Claudio Aberto de Jesus. **Ministrando libertação dos pecados sexuais.** Curitiba: A.D. Santos, 2016. 104 p.

ANDRUEJOL, Howalrd. INTRIERI, Adrián**. Não morda a isca**. Como escapar da pornografia. Trad. Reginaldo de Souza. São Paulo: SBB, 2014. 118 p.

AQUINO, Felipe Reginaldo Queiroz de. **As consequências da Pornografia.** São Paulo: Cléofas, 2017. 86 p.

ARTERBURN, Stephen. STOERKER, Fred. YORKEY, Mike. **A batalha de todo homem**. Um guia para homens sobre como vencer a pornografia. Trad. Aline Grippe. São Paulo: Mundo Cristão, 2004. 249 p.

BARRETO, Lúcio Jr. **Pornografia mata**. 2.ed. Belo Horizonte: Basileia, 2015. 60 p.

BARROS, Layla. **Dicionário da Pornografia**. Edição do Kindle. 2018. E-book.

BILA. **Como se libertar da pornografia**. Edição do Kindle. 2018. E-book.

BRITO, Leandro Hins de. **Pornografia:** fuja dela ou ela te dominará. Revista Ensaios Teológico. v. 4, n. 02. Ijuí: Dez. 2018. 106-115. p.

CAMARGO, Orson**. "Mídia e o culto à beleza do corpo"**. Brasil Escola. Disponível em: https://brasilescola.uol.com.br/sociologia/a-influencia-midia-sobre-os-padroes-beleza.htm. Acesso em: 19 mar. 2020.

CHALLIES, Tim. **Desintoxicação sexual**: um guia para homens que querem fugir da imoralidade sexual. Trad. Marcia Medeiros. São Paulo: Vida Nova, 2011. 112 p.

COLE, Edwin Louis. **Homem ao máximo.** Trad. Miryan Talita Lins e Ana Carolina Vilela. 2.ed. Belo Horizonte: Betânia, 2006. 192 p.

CORRÊA, Tiago Baeta. **Da cultura pornográfica à alegria da salvação**. Edição do Kindle. São Paulo: Amar, 2017. E-book.

COURT, Juhn H. **Pornografia:** uma resposta cristã. Trad. José C. Chagas. São Paulo: Vida Nova, 1992. 100 p.

CRARBB, Larry. HUDSON, Don e Andrews, Al. **O silencio de Adão.** Trad. Wanda de Assumpção. 8ªed. São Paulo: Vida Nova, 2008. 238 p.

DAVIES, Bob. **Vencendo a pornografia**. Como vencer um vício comum relacionado com a sexualidade. Londrina: Exodus, 2006. 24 p.

DENCK, Diego. **Consumo de pornografia aumenta durante a pandemia**. Disponível em: https:// www.tecmundo.com.br / c ultura-geek / 152104-consumo-pornografia-aumenta-durante-pandemia.htm. Acesso em: 28 jul. 2020.

DIAS, Sônia. **Consumo de conteúdo para adultos dispara durante quarentena**. Disponível em: https:// www. cmjornal. pt/tv- media/ detalhe / consumo -de - conteúdos - para – adultos - dispara-durante-quarentena. Acesso em: 28 jul. 2020.

EARLE, Halph H. Jr. LAASER, Mark R. **A Armadilha da Pornografia:** orientações para pastores e leigos sobre vicio sexual. Trad. Degmar Ribas. Rio de janeiro: CPAD, 2009. 172 p.

ELWELL, Walter A. WHITE, R. E. O. **Enciclopédia Histórico Teológica da igreja cristã.** Trad. Gordan Chown. E-M. São Paulo: Vida Nova, 2009. v.2. p. 240.

EVANS, Tony. **Pureza sexual.** Trad. Merval Rosa. São Paulo: Vida, 1997. 64 p.

FITZPATRICK, Elyse. **Ídolos do coração:** aprendendo a desejar apenas a Deus. Trad. Carlos O. C. Pinto. São Paulo: ABCB, 2012. 247 p.

FOLLE, João Carlos. **Santidade:** Uma vida que agrada a Deus. Curitiba: A.D. Santos, 2016. 160 p.

G1. **Como a indústria pornô está aumentando a audiência com a quarentena do coronavírus**. Disponível em: https://g1.globo.com/pop-arte/noticia/2020/03/23/como-a-industria-porno-esta-aumentando-a-audiencia-com-a-quarentena-pelo-coronavirus.ghtml. Acesso em: 28 jul. 2020.

GALLAGHER, Steve. **No altar da idolatria sexual.** Trad. Sônia Acioli. Rio de Janeiro: Graça, 2003. 256 p.

GOUVÊA, Paulo Adriano Muniz. **O impacto pessoal e social da pornografia**. Edição do Kindle. Fortaleza: Sexo sem Cativeiro, 2019. E-book.

GOV.BR. **Ministério da Saúde**. Disponível em: https://coronavirus.saude.gov.br/sobre-a-doenca. Acesso em: 14 set. 2020.

GUIANE. **A influência da mídia sobre a sexualidade dos adolescentes**. Disponível em: https://guiame.com.br/nova-geracao/geral/a-influencia-da-midia-sobre-a-sexualidade-dos-adolescentes.html. Acesso em: 19 mar. 2020.

KRÜGER, Hariet Wondracek. **A teologia que vem dos palcos evangélicos.** Curitiba: A. D. Santos, 2017. 224 p.

LEE, Morgan**. Veja como 770 pastores descrevem sua luta com a pornografia.** Disponível em: https://www.christianitytoday.com/news/2016/january/how-pastors-struggle-porn-phenomenon-josh-mcdowell-barna.html. Acesso em: 31 dez. 2019.

LUTEZER, Erwin W. **Por que pessoas boas fazem coisas más.** Trad. Ana Carolina Vilela. Belo Horizonte: Betânia, 2014. 248 p.

LUTTZER, Erwin W. **Sete ciladas do inimigo.** Trad. Myrian Talitha Lins. Belo Horizonte: Betânia, 2008. 190 p.

LUTZER, Erwin W. **Porque pessoas boas fazem coisas más**. Trad. Ana Carolina Vilela. Belo Horizonte: Betânia, 2004. 248 p.

MARÇAL, Eliane**. Apelo sexual na mídia influencia comportamento sexual dos adolescentes**. Disponível em: https://www.bonde.com.br/saude/sexualidade/apelo-sexual-na-midia-influencia-formacao-do adolescente.html. Acesso em: 20 mar. 2020.

NIX, David. **Sua casa cheia de demônios pela pornografia.** Disponível em: https: // catolicaconect.com.br/sua-casa-cheia-de-demonios-pela-pornografia/. Acesso em: 27 abr. 2020.

PACKER, James Innell. **A redescoberta da santidade.** Trad. Elias D. Filho. São Paulo: Cultura Cristã, 2002. 256 p.

PIPER, John. **Em busca de Deus**: a plenitude da alegria cristã. Trad. Hans Udo Fuchs. 2.ed. São Paulo: Shedd, 2008. 340 p.

PIPER, Johnr. **Satanás usa o desejo sexual.** Disponível em: https://www.desiringgod.org/messages/satan-uses-sexual-desire?lang=pt. Acesso em: 27 abr. 2020.

PORFÍRIO, Francisco. **Isolamento social.** Disponível em: https://brasilescola.uol.com.br/sociologia/isolamento-social.htm. Acesso em: 14 set. 2020.

PORNOGRAFIA. **Um problema de Saúde pública.** Disponível em: https://padrepaulori-cardo.org/blog/pornografia-um-problema-de-saude-publica. Acesso em: 20 mar. 2020.

PRIOLO, Lou. **Egoísmo:** do amor a si mesmo ao amor ao próximo. Trad. Meire Portes Santos. São Paulo: Nutra, 2019. 46 p.

ROQUE, Dalton. **A mídia e o erotismo.** https://www.ippb.org.br/textos/revista-online/dalton-andrea/a-midia-e-o-erotismo. Acesso em: 19 mar. 2020.

ROSA, Andressa. **Como o mercado de conteúdo adulto está se destacando no meio da crise**. Disponível em: https:// blog. vindi.com.br/conteúdo-adulto /. Acesso em: 28 jul. 2020.

RUSHNELL, Squire. DUART, Louise. **O poder dos casais que oram juntos.** Trad. Valeria L. D. Fernandes. Rio de Janeiro: Thomas Nelson, 2010. 207 p.

RYLE. J. C. **Santidade sem a qual verá o Senhor:** Hebreus 12.14. São Paulo: Fiel, 1999, p. 59-60.

SACCONI, Luiz Antonio. **Grande Dicionário Sacconi:** da língua portuguesa. Comentado, crítico e enciclopédico. São Paulo: Nova Geração, 2010. 2087 p.

SCHACH, Vanderlei A. **Infância em perigo!** Um caso real inspira a busca de solução. São Paulo: RTM, 2016. p. 154.

SCHELB, Guilherme Zanina. **Família educa, escola ensina**. Brasília: B e Z, 2017. 116 p.

SHEDD, Russel Philip. **Pecados e pecadinhos:** arranque as ervas daninhas do jardim da fé. São Paulo: Shedd, 2015. 240 p.

SOCIEDADE BÍBLICA DO BRASIL. **Bíblia Sagrada:** Nova Almeida Atualizada. Trad. João Ferreira de Almeida. 3.ed. São Paulo: SBB, 2018. 960 p.

SOCIEDADE BÍBLICA INTERNACIONAL. **Bíblia Sagrada:** Nova Versão Internacional. Santo André: Geográfica, 2017. 960 p.

STREET, John D. **Purificando o coração da idolatria sexual.** Trad. Enrico Pasquini. São Paulo: Nutra, 2016. 236 p.

THOMPSON, Frank Charles. **Bíblia de referência Thompson:** com versículos em cadeia temática. Trad. João Ferreira de Almeida. São Paulo: Vida, 2007. 1750 p.

WELCH, Edward T. **Hábitos escravizadores:** encontrando esperança no poder do Evangelho. Trad. Enrico Pasquini. 2.ed. São Paulo: Nutra, 2015. 351 p.

WUTZKE, Maycon Jhon. **Distorções sexuais contemporâneas e a forma Bíblica de se relacionar sexualmente.** Ijuí: Faculdade Batista Pioneira, TCC, Bacharelado em Teologia, 2013. 41 p.

[1] **SECULAR.** Segundo o dicionário Sacconi, (qualidade ou característica de secular) que não pertence a nenhuma ordem religiosa, ou sem relacionamento com qualquer ordem religiosa. SACCONI, Luiz Antonio. **Grande Dicionário Sacconi:** da língua portuguesa. Comentado, crítico e enciclopédico. São Paulo: Nova Geração, 2010, p. 1835.

[2] LUTEZER, Erwin W. **Por que pessoas boas fazem coisas más.** Trad. Ana Carolina Vilela. Belo Horizonte: Betânia, 2014, p. 80.

[3] MARQUÊS de Sade. **Donatien Alphonse François de Sade, o Marquês de Sade**. Foi um aristocrata francês e escritor libertino. Muitas das suas obras foram escritas enquanto estava na Prisão da Bastilha, encarcerado diversas vezes, inclusive por Napoleão Bonaparte. De seu nome surge o termo médico sadismo, que define a perversão sexual de ter prazer na dor física ou moral do parceiro ou parceiros. Foi perseguido tanto pela monarquia (Antigo Regime) como pelos revolucionários vitoriosos de 1789 e depois por Napoleão. Disponível em: https://www.infoescola.com/biografias/marques-de-sade/. Acesso em: 09 set. 2020.

[4] CORRÊA, Tiago Baeta. **Da cultura pornográfica à alegria da salvação**. Edição do Kindle. São Paulo: Amar, 2017, E-book, posição. 66-70.

[5] CORRÊA, 2017, E-book, posição. 70-78.

[6] CORRÊA, 2017, E-book, posição. 86-95.

[7] CORRÊA, 2017, E-book, posição. 108-112.

[8] CORRÊA, 2017, E-book, posição. 104-108.

[9] OLEQUES, Liane Carvalho. **Alessandro di Mariano di Vanni Filipepi ou Sandro Botticelli**, foi um pintor italiano. Assim como um de seus irmãos, havia sido apelidado de "botticelli", que significa em italiano "pequeno tonel", o epíteto substitui o "es panucam" sobre nome de família, passando a identificar o futuro pintor. Disponível em: https://www.infoescola.com/biografias/sandro-botticelli/. Acesso em: 11 set. 2020.

[10] BARROS, Layla. **Dicionário da Pornografia**. Edição do Kindle, 2018. E-book, posição. 24.

[11] BARROS, 2018, E-book, posição. 24-37.

[12] BRITO, Leandro Hins de. **Pornografia:** Fuja dela ou ela te dominará. Revista Ensaios Teológico. v. 4, n. 02, Ijuí. Dez, 2018. p. 107.

[13] BRITO, 2018, p. 108.

[14] BARROS, 2018, E-book, posição. 13-14.

[15] ALMEIDA, Claudio Aberto de Jesus. **Ministrando libertação dos pecados sexuais**. Curitiba: A.D. Santos, 2016, p. 41.

[16] BRITO, 2018, p. 107.

[17] BRITO, 2018, p. 107-108.

[18] SCHELB, Guilherme Zanina. **Família educa, escola ensina**. Brasília: B e Z, 2017, p. 16-17.

[19] BRITO, 2018, p. 108.

[20] BRITO, 2018, p. 108.

[21] ARTERBURN, Stephen. STOERKER, Fred. YORKEY, Mike. **A batalha de todo homem**. Um guia para homens sobre como vencer a pornografia. Trad. Aline Grippe. São Paulo: Mundo Cristão, 2004, p. 81-82.

[22] BARRETO, Lúcio Jr. **Pornografia mata**. Belo Horizonte: 2.ed. Basileia, 2015, p. 48-51.

[23] BRITO, 2018, p. 109.

[24] BRITO, 2018, p. 109.

[25] GOV.BR. **Ministério da Saúde**. Disponível em: https://coronavirus.saude.gov.br/sobre-a-doenca. Acesso em: 14 set. 2020.

[26] PORFÍRIO, Francisco. **Isolamento social.** Disponível em: https://brasilesco la.uol.com.br/sociologia/isolamento-social.htm. Acesso em: 14 set. 2020.

[27] G1. **Como a indústria pornô está aumentando a audiência com a quarentena do coronavírus**. Disponível em: https://g1.globo.com/pop-arte/noticia/2020/03/23/como-a-industria-porno-esta-aumentando-a-audiencia-com-a-quarentena-pelo-coronavirus.ghtml. Acesso em: 28 jul. 2020.

[28] DIAS, Sónia. **Consumo de conteúdos para adultos dispara durante quarentena**. Disponível em: https:// www. cmjornal. pt/tv- media/ detalhe / consumo -de - conteudos - para – adultos - dispara-durante-quarentena. Acesso em: 28 jul. 2020.

[29] DENCK, Diego. **Consumo de pornografia aumenta durante a pandemia**. Disponível em: https:// www.tecmundo.com.br/cultura-geek/-consumo-pornografia-aumenta-durante-pandemia.htm. Acesso em: 28 jul. 2020.

[30] ROSA, Andressa. **Como o mercado de conteúdo adulto está se destacando no meio da crise**. Disponível em: https:// blog. vindi.com.br/conteúdo-adulto/. Acesso em: 28 jul. 2020.

[31] CORRÊA, 2017, E-book, posição. 55.

[32] ROQUE, Dalton. **A mídia e o erotismo.** Disponível em: https: // www.ippb.org.br / textos / revista-online dalton–andrea /a-mídia-e-o-erotismo. Acesso em: 19 mar. 2020.

[33] CAMARGO, Orson. **"Mídia e o culto à beleza do corpo"**; Brasil Escola. Disponível em: https://brasilescola. uol.com.br /sociologia/a-influencia-midia-sobre-os-padroes-beleza.htm. Acesso em 19 mar. 2020.

[34] GUIAME. **A influência da mídia sobre a sexualidade dos adolescentes**. Disponível em: https://guiame.com.br/nova-geracao/geral/a-influencia-da-midia-sobre-a-sexualidade-dos-adolescentes.html. Acesso em: 19 mar. 2020.

[35] MARÇAL, Eliane. **Apelo sexual na mídia influencia comportamento sexual dos adolescentes**. Disponível em: https://www.bonde.com.br/saude/sexualidade/apelo-sexual-na-midia-influencia-formacao-do adolescente . html. Acesso em: 20 mar. 2020.

[36] MARÇAL, Eliane. **Apelo sexual na mídia influencia comportamento sexual dos adolescentes**. Disponível em: https://www.bonde.com.br/saude/sexualidade/apelo-sexual-na-midia-influencia-formacao-do adolescente. html. Acesso em: 20 mar. 2020.

[37] SCHACH, Vanderlei A. **Infância em perigo!** Um caso real inspira a busca de solução. São Paulo: RTM, 2016. p. 154.

[38] CORRÊA, 2017, E-book, posição. 165-183.

[39] CORRÊA, 2017, E-book, posição. 187.

[40] AQUINO, Felipe Reginaldo Queiroz de. **As consequências da Pornografia.** São Paulo: Cléofas, 2017, p. 61.

[41] AQUINO, 2017, p. 62.

[42] PORNOGRAFIA. **Um problema de Saúde pública.** Disponível em: https://padrepauloricardo.org /blog/ pornografia - um-problema - de-saúde-publica. Acesso em: 20 mar. 2020.

[43] CORREÂ, 2017, E-book, posição. 202-207.

[44] CORRÊA, 2017, E-book, posição. 191-194.

[45] BARRETO, 2016, p. 16.

[46] CHALLIES, 2011, p. 25-26.

[47] LUTZER, Erwin W. **Sete ciladas do inimigo.** Trad. Myrian Talita Lins. São Paulo: Betania, 2008, p. 95.

[48] STREET, John D. **Purificando o coração da idolatria sexual.** Trad. Enrico Pasquini. São Paulo. Nutra, 2016, p. 135-136.

[49] LEE, Morgan. **Veja como 770 pastores descrevem sua luta com a pornografia.** Disponível em: https: //www. christianitytoday.com/news/2016/january/how-pastors-struggle-porn-phenomenon-josh-mcdowell barna. html. Acesso em: 31 dez. 2019.

[50] COLE, Edwin Louis. **Homem ao máximo.** Trad. Miryan Talita Lins e Ana Carolina Vilela. 2.ed. Belo Horizonte: Betânia, 2006, p. 28-29.

[51] COLE, 2006, p. 29.

[52] EARLE, Halph H. Jr. LAASER, Mark R. **A armadilha da pornografia:** orientações para pastores e leigos sobre vício sexual. Trad. Degmar Ribas. Rio de Janeiro: CPAD, 2009, p. 31.

[53] EARLE, 2009, p. 36-38.

[54] **PACTO DE LAUSANNE.** O Pacto de Lausanne é uma das vozes de amplo diálogo que deve existir entre as igrejas cristãs evangélicas na atualidade. Sobre a natureza e missão da igreja, enquanto povo de Deus no mundo contemporâneo. Uma voz que convida a ouvir, mas, principalmente, a repercutir os sons expressos de forma silenciosa. O Pacto aborda os seguintes temas: O Propósito de Deus, Autoridade e o Poder da Bíblia; A Unidade e a Universalidade de Cristo; A Natureza da Evangelização; A Responsabilidade Social Cristã; A Igreja e a Evangelização; Cooperação na Evangelização; Esforço Conjugado de Igrejas na Evangelização; Urgência da Tarefa Evangelística; Evangelização e Cultura, Educação e Liderança; Conflito Espiritual; Liberdade e Perseguição; O Poder do Espírito Santo; O Retorno de Cristo. Disponível em: https://www.lausanne.org/pt-br/recursos-multimidia-pt-br/pacto-de-lausanne-pt-br/pacto-de-lausanne. Acesso em: 28 jul. 2020.

[55] COURT, Juhn H. **Pornografia:** uma resposta cristã. Trad. José C. Chagas. São Paulo: Vida Nova, 1992, p. 13.

[56] COURT, 1992, p. 14.

[57] SOCIEDADE BÍBLICA INTERNACIONAL. **Bíblia Sagrada:** nova versão internacional. Santo André: Geográfica, 2017, p. 1.

[58] SOCIEDADE BÍBLICA INTERNACIONAL, 2017, p. 2.

[59] LUTZER, 2008, p. 120.

[60] ALMEIDA, 2016, p. 75.

[61] SOCIEDADE BÍBLICA INTERNACIONAL, 2017, p. 1.

[62] WUTZKE, Maycon Jhon. **Distorções sexuais contemporâneas e a forma Bíblica de se relacionar sexualmente**. Ijuí: Faculdade Batista Pioneira TCC, 2013, p. 29.

[63] EVANS, Tony. **Pureza sexual.** Trad. Merva Rosa. São Paulo: Vida, 1997, p. 5.

[64] SOCIEDADE BÍBLICA DO BRASIL. **Bíblia Sagrada.** Nova Almeida atualizada. Trad. João Ferreira de Almeida. 3.ed. São Paulo: SBB, 2018, p. 1.

[65] THOMPSOM, Frank Charles. **Bíblia de referência Thompson:** com versículos em cadeia temática. Trad. João Ferreira de Almeida. São Paulo: Vida, 2007, p. 3.

[66] COLE, 2006, p. 150.

[67] COLE, 2006, p. 150.

[68] LUTZER, 2004, p. 159.

[69] LUTZER, 2004, p. 159-160.

[70] WELCH, Edward T. **Hábitos escravizadores:** encontrando esperança no poder do Evangelho. Trad. Enrico Pasquini. 2.ed. São Paulo: Nutra, 2015, p. 72.

[71] SOCIEDADE BÍBLICA INTERNACIONAL, 2017, p. 131.

[72] THOMPSOM, 2007, p. 1115.

[73] WELCH, 2015, p. 73-74.

[74] WELCH, 2015, p. 74.

[75] WELCH, 2015, p. 74-75.

[76] ARAUJO, Ana Paula. **Sereias**: Ulisses, o herói da antiga mitologia grega, exemplifica a coragem ao escolher conscientemente ficar receptivo e presente quando a tentação de desistir é intensa. Na viagem marítima de volta à Grécia depois da guerra de Tróia, Ulisses sabia que seu navio atravessaria uma área muito perigosa habitada por lindas donzelas conhecidas como sereias. Ele fora prevenido que o apelo dessas mulheres era irresistível e que os marinheiros não conseguiam evitar a tentação de se dirigirem a elas; assim, despedaçavam os barcos nas rochas e afogavam-se. Mas Ulisses queria ouvir o canto das sereias. Ele conhecia a profecia que, se alguém ouvisse suas vozes e resistisse a procurá-las, as sereias perderiam o poder para sempre e definhariam até morrer. Esse desafio motivou-o. Assim que o navio se aproximou da terra natal das sereias, Ulisses disse aos seus homens para colocarem cera em seus ouvidos e o amarrassem bem apertado no mastro, instruindo-os que por mais que lutasse e gesticulasse, não importa quanto mais colérico ficasse ordenando que cortassem as cordas, eles não o desamarrariam até que o navio chegasse a um ponto familiar da terra, bem distante do canto das sereias. As sereias representam na cultura contemporânea o sexo e a sensualidade. Em nossos dias, utiliza-se ainda a expressão "canto da sereia" que designa algo que tem grande poder de atração em que as pessoas caem sem resistência. Disponível em: https://www.infoescola.com/mitologia-grega/sereias/. Acesso em: 11 set. 2020.

[77] WELCH, 2015, p. 75.

[78] PRIOLO, Lou. **Egoísmo:** do amor a si mesmo ao amor ao próximo. Trad. Meire Portes Santos. São Paulo: Nutra, 2019, p. 13-14.

[79] SOCIEDADE BÍBLICA INTERNACIONAL, 2017, p. 752.

[80] PRIOLO, 2019, p. 15-16.

[81] BRITO, 2018, p. 103-106.

[82] CHALLIES, 2011, p. 21-22.

[83] KRÜGER, Hariet Wondracek. **A teologia que vem dos palcos evangélicos.** Curitiba: A. D. Santos, 2017, p. 91-92.

[84] HEDONISMO: (do grego *hedonê*, "prazer", "vontade"[), segundo a Enciclopédia, hedonismo consiste em todas aquelas teorias éticas que identificam o alvo moral como a felicidade, o prazer. ELWELL, Walter A. WHITE, R. E. O. **Enciclopédia Histórico Teológica da igreja cristã.** Tra. Gordan Chown. E-M. São Paulo: Vida Nova, 2009, v.2. p. 240.

[85] KRÜGER, 2017, p. 93-99.

[86] SHEDD, Russel Philip. **Pecados e pecadinhos:** arranque as ervas daninhas do jardim da fé. São Paulo: Shedd, 2015, p. 139.

[87] SOCIEDADE BÍBLICA INTERNACIONAL, 2017, p. 911.

[88] SOCIEDADE BÍBLICA DO BRASIL, 2018, p. 658.

[89] SHEDD, 2015, p. 165-166.

[90] ARTERBURN, 2004, p. 59.

[91] ARTERBURN, 2014, p. 59.

[92] SOCIEDADE BÍBLICA INTERNACIONAL, 2017, p. 734.

[93] SOCIEDADE BÍBLICA INTERNACIONAL, 2017, p. 865.

[94] THOMPSON, 2007, p. 1099.

[95] RYLE. Jonh. Charles. **Santidade sem a qual verá o Senhor:** Hebreus 12.14. São Paulo: Fiel, 1999, p. 59-60.

[96] RYLE, 1999, p. 61-63.

[97] SOCIEDADE BÍBLICA DO BRASIL, 2018, p. 936.

[98] SOCIEDADE BÍBLICA DO BRASIL, 2018, p. 736.

[99] RYLE, 1999, p. 72-73.

[100] PACKER, James Innell. **A redescoberta da santidade.** Trad. Elias D. Filho. São Paulo: Cultura Cristã, 2002, p. 13-17.

[101] FOLLE, João Carlos. **Santidade:** Uma vida que agrada a Deus. Curitiba: A.D. Santos, 2016, p. 145-151.
[102] LUTZER, 2008, p. 94.
[103] LUTZER, 2008, p. 94-95.
[104] NIX, David. **Sua casa cheia de demônios pela pornografia**. Disponível em: https: //catolicaconect.com.br/sua-casa-cheia-de-demonios-pela-pornografia/. Acesso em: 27 abr. 2020.
[105] GALLAGHER, Steve. **No altar da idolatria sexual.** Trad. Sônia Acioli. Rio de Janeiro: Graça Editorial, 2003, p. 154.
[106] SOCIEDADE BÍBLICA INTERNACIONAL, 2017, p. 871.
[107] PIPER, John. **Satanás usa o desejo sexual.** Disponível em: https://www.desiringgod.org/messages/satan-uses-sexual-desire?lang=pt. Acesso em: 27 abr. 2020.
[108] SOCIEDADE BÍBLICA INTERNACIONAL, 2017, p. 923.
[109] LUTZER, 2008, p. 100.
[110] THOMPSON, 2007, p. 1107.
[111] STREET, 2016, p. 191-192.
[112] STREET, 2016, p. 192.
[113] STREET, 2016, p. 192.
[114] STREET, 2016, p. 36-37.
[115] SCHWIENBACHER, Frendt. **Nucleus accumbens** (NAcc) "o centro do prazer", localiza-se numa posição central e interior do cérebro e constitui a principal parte do estriado ventral com funções relacionadas com a recompensa, o prazer, o vício, o risco, o medo ou a agressão e é uma das estruturas mais importantes no sistema límbico. Disponível em: https://pgpneuromarketing.wordpress.com/sabia-que/cerebro-e-a-neurociencia-aplicada-ao-consumo-nucleo/. Acesso em: 13 fev. 2019.
[116] STREET, 2016, p. 38.
[117] STREET, 2016, p. 38.
[118] SOCIEDADE BÍBLICA DO BRASIL, 2018, p. 503.
[119] STREET, 2016, p. 39.
[120] WELCH, 2015, p. 40-41.
[121] WELCH, 2015, p. 42.
[122] WELCH, 2015, p. 61.
[123] BARRETO, 2015, p. 15.
[124] BRITO, 2018, p. 110.
[125] DAVIES, 2006, p. 3-4.
[126] ANDRUEJOL, Howalrd. INTRIERI, Adrián. **Não morda a isca**. Como escapar da pornografia. Trad. Reginaldo de Souza. São Paulo: SBB, 2014, p. 21-22.
[127] COURT, 1992, p. 17.
[128] COURT, 1992, p. 18.
[129] BRITO, 2018, p. 109.
[130] RUSHNELL, Squire. DUART, Louise. **O poder dos casais que oram juntos.** Trad. Valeria L. D. Fernandes. Rio de Janeiro: Thomas Nelson, 2010. p. 118.
[131] RUSHNELL, 2010, p. 118-119.
[132] AQUINO, 2017, p. 30-31.
[133] AQUINO, 2017, p. 31-32.
[134] AQUINO, 2017, p. 42-44.
[135] GOUVÊA, Paulo Adriano Muniz. **O impacto pessoal e social da pornografia**. Edição do Kindle. Fortaleza: Sexo sem Cativeiro, 2019, E-book, posição. 550.
[136] GOUVÊA, 2019, E-book, posição. 574.
[137] PORTAL EDUCAÇÃO. **Masturbação**. Vício solitário. Provocar orgasmo através de estímulo manual do órgão sexual. Mulheres também utilizam objetos como garrafas e legumes (pepinos, cenoura, entre outros com formato cilíndrico) para obterem um melhor resultado. Conhecida também, como: punheta, siririca (Masturbação feminina). Geralmente quando anda sem muitas relações sexuais ou é lésbica, auto-herotismo, onanismo, quiromania, bronha. Disponível em: https://siteantigo.portaleducacao.com.br/conteudo/artigos/medicina/o-que-e-masturbacao/39085. Acesso em: 11 set. 2020.
[138] ALMEIDA, 2016, p. 42.
[139] CHALLIES, Tim. **Desintoxicação sexual**: um guia para homens que querem fugir da imoralidade sexual. Trad. Marcia Medeiros. São Paulo: Vida Nova, 2011, p. 37-38.
[140] AQUINO, 2017, p. 41.

[141] CORRÊA, 2017, E-book, posição. 318.
[142] ARTERBURN, Stephen. STOERKER, Fred. YORKEY, Mike. **A batalha de todo homem**. Um guia para homens sobre como vencer a pornografia. Trad. Aline Grippe. São Paulo: Mundo Cristão, 2004, p. 132.
[143] ARTERBURN, 2014, p. 132.
[144] AQUINO, 2017, p. 43.
[145] CHALLIES, 2011, p. 42-43.
[146] CHALLIES, 2004, p. 43-45.
[147] STREET, 2009, p. 193.
[148] BRITO, 2018, p. 106.
[149] DAVIES, Bob. **Vencendo a pornografia**. Como vencer um vício comum relacionado com a sexualidade. Londrina: Exodus, 2006, p. 15-16.
[150] CHALLIES, Tim. **Desintoxicação sexual**: um guia para homens que querem fugir da imoralidade sexual. Trad. Marcia Medeiros. São Paulo: Vida Nova, 2011, p. 31-32.
[151] BRITO, 2018, p. 109.
[152] DAVIES, 2006, p. 16.
[153] DAVIES, 2006, p. 16
[154] ALMEIDA, 2016, p. 42.
[155] CHALLIES, 2011, p. 34-35.
[156] RUSHENELL, 2010, p. 119.
[157] AQUINO, 2017, p. 26.
[158] GOUVÊA, 2019, E-book, posição. 750-784.
[159] AQUINO, 2017, p. 46.
[160] AQUINO, 2017, p. 46.
[161] AQUINO, 2017, p. 47.
[162] GOUVÊA, 2019, E-book, posição. 1544.
[163] AQUINO, 2017, p. 47.
[164] AQUINO, 2017, p. 48.
[165] FLEURY, Diego. **Córtex visual primário.** O córtex visual primário constitui o primeiro nível do processamento cortical da informação visual. Dele, as informações são transmitidas através de duas vias principais: uma via ventral para o lobo temporal (qual é o estimulo) e uma dorsal para o lobo parietal (onde). E o corpo caloso que conecta os dois hemisférios unifica a percepção dos objetos ligando as áreas corticais que representam os hemicampos opostos. Disponível em: http://cienciasecognicao.org/neuroemdebate/?p=4620. Acesso em: 30 dez. 2019.
[166] AQUINO, 2017, p. 48.
[167] GOUVÊA, 2019, E-book, posição. 1529-1534.
[168] GOUVÊA, 2019, posição. 454.
[169] AQUINO, 2017, p. 17.
[170] ANDRUEJOL, 2014, p. 68-69.
[171] WELCH, 2019, p. 286.
[172] WELCH, 2019, p. 286-287
[173] BILA. **Como se libertar da pornografia**. Edição do Kindle, 2018. E-book, posição. 55-61.
[174] DAVIES, 2006, p. 5-7.
[175] DAVIES, 2006, p. 7.
[176] ANDROEJOL, 2014, p. 71-77.
[177] SOCIEDADE BÍBLICA DO BRASIL, 2018, p. 920.
[178] WELCH, 2019, p. 225.
[179] THOMPSON, 2007, p. 1113.
[180] ANDROEJOL, 2014, p. 76-77.
[181] SOCIEDADE BÍBLICA INTERNACIONAL, 2017, p. 845.
[182] COLE, 2006, p. 40-45.
[183] SOCIEDADE BÍBLICA INTERNACIONAL, 2017, p. 482.
[184] CHALLIES, 2011, p. 71
[185] SOCIEDADE BÍBLICA INTERNACIONAL, 2017, p. 466.
[186] THOMPSON, 2017, p. 564.
[187] WELCH, 2019, p. 225-226.

[188] LUTZER, 2008, p. 110.
[189] STREET, 2016, p. 167-168.
[190] STREET, 2016, p. 173.
[191] ANDRUEEJOL, 2014, p. 94-97.
[192] CHALLIES, 2011 p. 78-79.
[193] SOCIEDADE BÍBLICA DO BRASIL, 2018, p. 929.
[194] DAVIES, 2006, p. 7-8.
[195] ANDRUEJOL, 2014, p. 86.
[196] ANDRUEJOL, 2014, p. 88.
[197] THOMPSOM, 2007, p. 1041.
[198] BRITO, 2018, p. 113.
[199] ANDRUEJOL, 2014, p. 78.
[200] DAVIES, 2006, p. 10.
[201] DAVIES, 2006, p. 14.
[202] ARTERBURN, 2004, p. 171-172.
[203] ARTERBURN, 2004, p. 172.
[204] CORRÊA, 2017, E-book, posição. 517-528.
[205] BRITO, 2018, p. 114.
[206] CRARBB, Larry. HUDSON, Don e Andrews, Al. **O silencio de Adão.** Trad. Wanda de Assumpção. 8.ed. São Paulo: Vida Nova, 2008, p. 100.
[207] LUTZER, Erwin W. **Porque pessoas boas fazem coisas más**. Trad. Ana Carolina Vilela. Belo Horizonte: Betânia, 2004, p. 57.
[208] CRABB, 2008, p. 101.
[209] PIPER, John. **Em busca de Deus**: a plenitude da alegria cristã. Trad. Hans Udo Fuchs. 2.ed. São Paulo: Shedd, 2008, p. 17.
[210] SOCIEDADE BÍBLICA INTERNACIONAL, 2017, p. 431.
[211] SOCIEDADE BÍBLICA INTERNACIONAL, 2017, p. 406-407.
[212] CORRÊA, 2017, E-book, posição. 377-385.
[213] SOCIEDADE BÍBLICA INTERNACIONAL, 2017, p. 733.
[214] THOMPSON, 2007, p. 873.
[215] FITZPATRICK, Elyse. **Ídolos do coração:** aprendendo a desejar apenas a Deus. Trad. Carlos O. C. Pinto. São Paulo: ABCB, 2012, p. 88.

www.ingramcontent.com/pod-product-compliance
Lightning Source LLC
LaVergne TN
LVHW050340160826
845677LV00014B/3710

* 9 7 9 8 7 4 6 0 6 3 9 2 2 *